文庫

# 歴 史 入 門

フェルナン・ブローデル
金 塚 貞 文 訳

中央公論新社

# 著者まえがき

本書（原題『資本主義の活力』）は、一九七六年にアメリカのジョンズ・ホプキンズ大学で行った講演の際に用意したテキストである。その時点では『物質文明・経済・資本主義』（全三巻）はまだ最終巻までは刊行されていなかった（一九七九年に完結）が、すでに原稿はほぼ完成しており、講演は同書全体の大まかな内容を紹介するために企画されたものであった。このテキストは『物質文明と資本主義・再考』というタイトルで英訳され、次いで『資本主義の活力』というタイトルでイタリア語に訳された。今回の出版に際しても、元の原稿に手を加えていない。

F. B.

目次

# 歴史入門

# 第一章　物質生活と経済生活の再考

『物質文明・経済・資本主義』[*1]と題する私の本、そのいささか野心的で長大な著作の構想は、はるか一九五〇年代に遡る。そのテーマは、当初、「世界の運命」と題した世界史叢書の企画に着手していたリュシアン・フェーヴル[*2]から提案されたというか、半ば強引に割り当てられたものであった。結局、この叢書は一九五六年に彼が他界した後、私が非力を省みず、引き継ぐことになってしまうのではあるが。リュシアン・フェーヴルは自身、「西欧の思想と信念、十五世紀～十八世紀」という著作を準備していた。私の本と補完し合う、言わば二部作の一つとなるはずの本だったのだが、残念なことに、ついに出版されずに終わってしまった。そういうわけで、私の本は、結局、ペアを欠いたままのものとなってしまったのである。

だが、主として経済の領域だけに限られたものとはいえ、『物質文明・経済・資本主義』の執筆に当って、私は数多の問題を突きつけられることになった。一つには、押さえておくべき資料があまりに膨大であったこと、一つには、そのテーマ――経済がそれ自体として存在することはない――が論争の種であること、そしてもう一つには、歴史学というものが、徐々に、そして好むと好まざるとにかかわらず、その他の人間科学と混ざり合うことを余儀なくされて、その結果、つねに進歩しつつ、絶えず難しい問題を提起し続けているからである。このつねに新しいものを孕み続ける歴史学は一年たりとも同じままではなく、われわれの日常の仕事をなおざりにし後回しにして、つねに変化し続ける要求と誘惑にとにもかくにも合わせてゆくしか、とてもそれをフォローすることはできない。こと私に関するかぎり、あまりにこのセイレンの歌[*3]に魅せられ過ぎてしまったようだ。そして歳月は流れ去っていった。港に着くことさえ絶望的だった。『地中海[*4]』の歴史に二十五年を、そして『物質文明』に二十年近くを費やしてしまった。あまりに長すぎたと言わねばなるまい。

## 1　歴史の深層

いわゆる経済史、それはまだ形成過程にあるうちから、種々の偏見と直面している。それは高尚な歴史ではない。高尚な歴史、それはリュシアン・フェーヴルが建造した船であり、ヤーコプ・フッガー*5ではなく、マルティン・ルター*6やフランソワ・ラブレー*7を素材とした船である。高尚であるにしろないにしろ、あるいは高尚の程度が落ちるにせよ、経済史はそれでもなお、われわれ歴史家の仕事に本質的な問題すべてに関わる。それは、ある一つの観点から見た人間の全体史である。それは、ジャック・クール*8とかジョン・ロー*9とかいった人物が主役と見做されるような歴史であると同時に、大きな事件が次々と起こる歴史であり、「複合状況（la conjoncture）*10」と経済危機の歴史であると同時に、「長期持続（la longue durée）*11」の流れの中でゆっくりと変化する鈍重な構造的な歴史でもある。まさに、ここに問題の難しさがある。四世紀間にもわたる、しかも世界全体を対象にして、かくも膨大な事実や解釈を一体どのようにして系統立てることができるだろうか？　選択せねばならなかった。私は、長い時間の枠組の中での深層での均衡と不均衡とを選んだ。私には、産業化以前の経済においてもっとも重要なこととは、いまだなお初歩的な経済の特徴を留めた硬直性、不活性、鈍重性と、そして、なお限られた少数派的なものではあれ、近代的成長の特徴をなす活発さと力強さとの共存にあるように思われた。一方では、ほとんど自立した、実質的に自給自足的な農村に生活する農民がいて、そして他方では、市場経済と発展しつつある資本主義がじわじわと浸透し、現代のわれわれが生活する世界を徐々に形作り、すでにその輪郭を現しさえしていた。少なくとも、二つの世界、互いに異質な、しかし、それぞれの総体は他方によって理解されるという、二つの生活様式が存在する。

私は不活性の側面から手を着けたいと思った。一見したところ、人間の明瞭な意識からはみだした曖昧な部分の歴史が、このゲームにおいては、登場人物たちよりも活躍しているように見える。私の本の第一巻で[*12]及ばずながら説明しようと試みたのが、それである。この第一巻は、一九六七年に第一版が出版されたときには「可能なことと不可能なこと——日常生活を前にした人間」というタイトルを付けるつもりだったのだが、後に「日常性の構造」と変更した。いずれにしても、タイトルなど大したことではない。研究の目的は明瞭ではあれ、この探求自体には不確かなところ、多くの欠落部分、落とし穴、それにおそらくは誤解もあったに違いない。実際、そこで使われたすべてのキーワード――無意識、日常性、構造、深層――がそれ自身、曖昧であった。例えば、精神分析学の無意識について、それが問題となっていたにもかかわらず、そしておそらくそこで集合的無意識――その存在がカール・グスタフ・ユング*[13]をあれほど苦しめることになった集合的無意識――が発見されねばならなかったはずであったにもかかわらず、私は言及することができなかった。しかし、これほど大きなテーマには、そのほんの小さな側面からとりかかっていくしか道はない。無意識についての歴史家が待望される次第ではある。

私は具体的基準の段階に留まる。私が出発したのは日常性であった。生活の中でわれわれはそれに操られているのに、われわれはそれを知ることとすらないもの。習慣(l'habitude)――慣習的行動(la routine)と言うほうがいいかもしれない――、そこに現れる何千という行為は、それら自身で完遂され、それらについて誰も決定せねばならないということはなく、本当のところ、それらはわれわれのはっきりとした意識の外で起こっている。人間は腰の上まで日常性の中に浸かっているのだと私は思う。今日に至るまで受け継がれ、雑然と蓄積され、無限に繰り返されてきた無数の行為、そういうものがわれわれが生活を営むのを助け、われわれを閉じ込め、生きている間じゅう、われわれのために決定を下しているのだ。こうした行為を行わしめる刺激、衝動、模範、様式、あるいは義務は、われわれが思っている以上に多くの場合、人類史の起源にまで遡るのである。非常に古く、しかもなお生き生きとした何世紀をも経た過去が、アマゾン川が大量の濁水を大西洋に流し込んでゆくように、現在という時間の中に流れ込んでいるのである。

こうしたことすべてが、私が「物質生活」という便利な――しかし意味の広すぎる言葉のすべてがそうであるように、不正確な――名称の下に捉えようとしたことであった。もちろん、それは人間の活動的生活の一部分でしかなく、人間は習慣的であるのと同じほど根本的に革新的でもある。いずれにせよ、繰り返しになるが、私のまずもっての関心は、この能動的であるよりもむしろ受動的な生活の本質と限界を外から確定することではなかった。私の意図は、ほとんど無関心に生きられる歴史の、この普通にはほとんど気づかれもしない膨大な領域を見つめ、それを人にも見えるようにすることと、そして、そこに身を浸し、それを身近に感じるようになることにあった。

次に、その次になって、そこから出てゆく時がくる。このような言わば潜水探検を終えて水から上がると、即座には、まだまるでとても古い水の中にいるような、ある意味で、年代のない歴史、二、三世紀、いやひょっとすると十世紀も以前のものと思われるような歴史、それでいて、時には一瞬、いまでもなお、自分自身の目でちらっと見ることができる歴史の真っ只中にいるような、そんな深い感慨が湧き上がってくる。私の理解する物質生活とは、長い歴史を背負った人類が、まさに内臓の中に吸収するように、彼自身の生に深く合体させているものであり、そこではあれこれの過去の経験なり興奮なりが、日常生活の必要性、凡庸性となっているのだ。そうであるが故に、誰もそれに注意をはらおうとはしない。

## 2 物質生活

第一巻の導きの糸は以上のようなものであり、目指すところは探検である。章のタイトルだけで、その内容は自ずから明らかとなる。つまり、物質生活の全体を、そしてその彼方ないしその上にある人間の全歴史を作動させ、前に推し進める曖昧な力を列挙することである。

第一章のタイトルは「数の重量」(仏語版では「人間の数」になっている)。それは、人間を、すべての生物と同じように、その繁殖へと促す優れて生物学的な力である。ジョルジュ・ルフェーヴル*14が「春の向性」と呼んだものである。だが、それとは違う向性であり、違う決定論である。このつねに変動し続ける人間の数量は、諸個人がそのことを意識することなしに、人類の運命のかなりの部分を支配する。それは、いくつかの一般的条件の下で——利用し得る資源、為し得る仕事の総量に従って——多くなり過ぎたり足りなくなったりの交替を繰り返し、人口のメカニズムはバランスを保とうとはするのだが、均衡に達することはほとんどない。一四五〇年を境にして、ヨーロッパでは人口の急速な増加が見られたが、それは前世紀の黒死病*[15]の結果である膨大な喪失を埋め合わせる必要があったからであり、そして、埋め合わせることが可能であったからである。来たるべき干潮までの間、回復期があった。まるで計画されていた――歴史家の目にはそのように見える――かのように、人口の干満は十八世紀に至るまで続き、特定の傾向をもった規則、長期持続の規則を描きだし、明るみに出す。十八世紀になってはじめて、不可能なものの境界が越えられ、それまでは破られることのなかった人口の天井が突き破られたのである。その時以降、人口は増えることを止めず、停滞することも、運動の逆転もない。もっとも、将来、そうした逆転現象が起こらないともかぎらないが。

いずれにしても、十八世紀に至るまで、人口の干満はほとんど手の触れ得ない循環の中に閉じ込められていたのである。円周に達すれば、ほとんど直ちに収縮、退却が起こる。均衡を回復する方法も機会もいくらでもあった。貧困、欠乏、飢饉、日々の生活の過酷な条件、戦争、そして何よりも、絶え間なく襲いかかってきた病気。今日でも、そうした病気はまだ絶えたわけではない。だが、過去において、それらはこの世の終わりのような災禍をもたらした。周期的に大発生したペスト[16]は、十八世紀になるまでヨーロッパを去らなかった。発疹チフス[17]は、冬と相まって、ナポレオンとその軍隊をロシアの真っ只中で立往生させた。腸チフス[18]と天然痘[19]は風土病[20]であった。田舎には以前からあった結核は十九世紀になって都市に侵入し、すぐれてロマン的な病いとなった。そして性病、とりわけ梅毒[21]はアメリカ大陸発見の後、甦り、いや、新たな病原菌の結合によって爆発的に広がったと言ったほうがいいかもしれない。まだその他にも、不衛生と質の悪い飲料水のせいで多くの病気が蔓延していた。

人間、生まれつき脆弱な人類は、これらすべての攻撃からどうやって身をかわしてきたのだろうか。今日においても過去においても、低開発の国々では幼児死亡率は膨大であり、一般的な健康状態も不安定である。十六世紀以降、多くの死体解剖の記録が残されている。それらは衝撃的である。身体や皮膚の変形、損傷、そして肺や臓器に巣くった異常な量の寄生虫等についての記述は、現代の医学者を仰天させずにはおかない。かくのごとく、最近に至るまで、不健康な生物学的現実が人間の歴史を仮借なく支配していたのである。次のように問うとき、そのことが考慮されねばならない

ペストで倒れるペリシテ人
ニコロ・プーサン画

のだ。人口はどれくらいだったのか？　どんな病気にかかったのか？　これらの不幸を避けることはできなかったのか？

続く章で、また違った問いが提出される。人間は何を食べていたか？　彼らは何を飲んでいたか？　彼らはどんなものを着ていたか？　彼らはどんなところに住んでいたか？　突飛な問い！　それらの答えを見つけるためには、ほとんど発見の旅を必要とするであろう。というのも、ご存じのとおり、伝統的な歴史書の中では人間は食べも飲みもしないからである。しかし、昔からよく言われてきたのではなかっただろうか。「人間とはその食べるところのものである」《Der Mensch ist was er isst》と。しかし、それはおそらく、ドイツ語ならではの駄洒落として楽しまれてきただけなのだろう。だが、砂糖から、コーヒー、紅茶、アルコールに至るまでの数多の食料品の出現を些細なものとして片づけて構わないとは、私は断じて思わない。それらのものは、実際、それぞれに絶えず歴史に大きな影響を与えてきた。いずれにしても、過去の食生活にとって支配的な植物であった穀類の重要性は強調してし過ぎることはない。小麦、米、トウモロコシは、それぞれに大昔の選択の結果であり、そして長期にわたって継続された無数の経験の結果であり、何世紀にもわたる（フランス最高の地理学者、ピエール・グルー[*22]に言わせれば）「漂流」の効果によって、文明の選択となったものに他ならない。

例えば、ヨーロッパが選択した小麦、それは大地を貪り、そのために定期的に大地を休ませることを必要とし、そのことがまた、家畜の飼育を必要とし、可能にもした。いま、牛や馬、犂や荷車ぬきに、ヨーロッパの歴史を想像することができるだろうか。この選択の結果、ヨーロッパではつねに農業と家畜の飼育が結び付き、肉食の傾向を帯びることになったのである。米は人手のかかる栽培、即ち、動物が入り込むような余地のない集約的な農作業を必要とするものである。米作地域で肉食が少ないのはこうした理由による。トウモロコシは確かに、日々の糧を得るにはもっとも簡単で便利な作物である。それは速やかに生長し、ほとんど手もかからない。トウモロコシの選択は余暇を生み出し、そこから農民への強制労働が可能となり、アメリカインディアンの巨大なモニュメントが出来上がったというわけだ。暇で使われない労働力が社会によって収奪されるのである。

さらにまた、これらの植物のもつカロリーや量について、時代を通した食事の変化や不十分性について議論することもできよう。これらの問題が、カール五世[*23]の神聖ローマ帝国[*24]の運命とか、ルイ十四世[*25]の時代におけるいわゆるフランスの優位と呼ばれる束の間の、そして議論の余地のある繁栄の問題とかほど興味をそそるものではないと、本当に言えるだろうか？　それらの問題が長い射程距離をもった重要なテーマであることは間違いない。かつての麻薬の歴史、アルコール、煙草、そして特に煙草が世界を一回りして征服した目にもとまらぬほどの勢いなどは、それとは異なるが同じほど危険な今日の麻薬への警鐘となり得ないだろうか？

同じことが技術というテーマにおいても確認できる。技術の歴史はまさに驚異であると同時に、人間の労働と――外的環境と自分たち自身に対する日常的な闘いの中での――その非常にゆったりとした進歩に密着したものでもあった。はじめからすべては技術に関わっていた。人間の目覚ましい力の発現から、道具や武器を作るために、石を、木を、鉄を細工するといった単調で忍耐の要る努力に至るまで。それは地面すれすれの本質的に保守的な活動であり、変化の遅い、そしてその上に科学（それは技術の遅れた上部構造である）の層が――沈殿してゆくときには――ゆっくりと沈殿してゆく、そんな活動である。経済の大規模な集中が、技術の集中とテクノロジーの進歩をもたらす。例えば、十五世紀のヴェネチアの兵器工廠、十七世紀のオランダ、十八世紀のイギリスのように。それぞれの場合に、科学は、たとえたどたどしいものではあれ、姿を現す。それはそこに力ずくで連れてこられるのだ。

はじめからつねに、あらゆる技術は、科学のすべての要素と混じり合って、世界中にゆき渡った。不断の伝播があったのだ。とはいえ、いくつかの技術が結合された高度な技術の伝播は一筋縄ではゆかなかった。例えば、外洋航海と、それを可能にした技術を見てみよう。それは船尾柱舵、次に鎧張り（重ね継ぎ）でできた船体、甲板大砲等の（ハードの）技術と、外洋航海という（ソフトの）技術とが結合された技術に他ならない。資本主義というのもまた、策略と手順、習慣と実技等の結合した総体である。外洋航海も、資本主義も、それらが全体の塊りとしてではなく、それらを構成する部分部分しか伝播しなかったという、ヨーロッパに覇権がもたらされたのは、そんな単純な理由によってであったのかもしれないのだ。

では何故、最後の二章は貨幣と都市の問題を扱っているのかと問われるかもしれない。第二巻[*26]に入る前に、それらのテーマを片づけてしまっておきたかったということもある。それは事実ではあるが、それだけが、それらを第一巻に入れた理由ではないし、またそれだけでは十分な理由になり得ないのは明らかである。真実のところは、貨幣と都市とは、太古の日常性の中に、そして同時にもっとも新しい近代性の中に潜り込んでいるからである。貨幣は、それを交換を促す手段のすべてを指すものと解すれば、非常に古い発明である。そして交換のないところには、社会も存在しない。都市もまた、先史時代から存在する。それはもっとも日常的な生活の構造、その何世紀にもわたる歴史的な構造である。だが、それはまた、変化に適応し、それを強力に推し進めることのできる増殖装置でもある。都市と貨幣が近代性を形作るといえるかもしれない。もっとも、ジョルジュ・ギュルヴィッチ*27の相互性の規則に従えば、近代性、人間生活の変化し続ける集まりである近代性が、貨幣の発達を促し、都市の圧倒的な発展を生み出すとも言えるのである。都市と貨幣は原動力であると同時に、指標でもある。それらは変化を生じさせ、知らせる。それらはまた変化の結果でもある。

## 3　経済生活――市と大市と取引所

これらのことすべては、習慣的なもの、慣習的なものという広大な王国――「歴史のこの大いなる不在」――の境界を画定するのは容易ではないということを意味する。実際、習慣的なものは人間生活の総体に広がり、夕暮れが風景を染めるように、そこに染み渡っている。だが、この陰、記憶と明瞭さのこの欠如によって、ほとんど明るみに出されていない部分と、他よりは明るみに出されている部分を色分けすることが可能になる。陰と光の間に、慣習的行為と意識的な決定の間に境界線を引くことができるなら、それ以上に重要なことはない。その境界線が画定されるなら、観察者にとっての右左を、ましてや、上下を区別することができるであろう。

ある一つの地域を考えてみよう。ごく小さな初歩的なものにすぎない市も含めて、そこにある市のすべてに点を打ってゆけば、その小さな点が集まってちょうど雲のようになって、広大で幾重にもなった層に、その地域がすっぽり覆われてゆく。この無数の出発点から、われわれが交換経済と呼ぶところのもの、生産という広大な領域と、消費という同じほど広大な領域との間に張り巡らされた交換経済が始まる。一四〇〇年から一八〇〇年にかけてのアンシャン・レジーム[*28]の時代においては、この交換経済はまだ非常に不完全なものでしかなかった。おそらく、そもそもの始まりから、それは時代の闇の中にまぎれてしまっていたのだろうし、それはすべての生産と、すべての消費を結合するには至らず、生産の大いなる部分は、家族ないし村落内の自家消費の中に吸収され、市場循環の中には入ってこなかったのである。

この不完全性をしかるべく考慮に入れたとしても、市場経済は進歩し続け、すでに生産を組織化し、消費を方向づけ、コントロールするに十分なほどに、いくつもの町と都市を結びつけはじめていたことに変わりはない。この過程に何世紀も必要であったことは間違いない。だが、この二つの世界——すべてのものがそこから生まれる生産、そして、すべてのものがそこで破壊される消費——の間で、市場経済は繋ぎとなり、原動力となり、そしてそこから、刺激、活力、革新、発意、多様性、成長と、そして進歩までが湧き出る、狭いながらも生き生きとした領域であり続けていた。経済の歴史は、その始まりから来るべき終わりまで、市場経済の歴史に要約できるとさえ、カール・ブリンクマン[29]は指摘している（私は完全に同意しているわけではないが）。

　私は長い時間をかけて、私の目の届くかぎりの初歩的な市を観察し、記述し、甦らせようとしてきた。初歩的な市は経済の境界を、その最低限度を示す。市の外に留まるものは何であれ「使用価値[30]」しか持たない。その狭き門を潜ったものはすべからく「交換価値[31]」を獲得する。初歩的な市の内にあるか外にあるかによって、個人あるいは「経済単位（エージェント）」が交換、経済生活——物質生活と対照するため、そして資本主義と区別するために（この点についての議論は後に触れるであろう）、私が経済生活と名づけたもの——の中に含まれるか、含まれないかが決まるのである。

　町から町へ、椅子の藁の詰め替えとか、煙突掃除とかいったつましいサービスを提供して歩く巡回職人は、たとえ非常に限られた消費者しかいなくとも、市の世界[32]に属する。彼は市に日々の糧を求めねばならない。仮に彼が生まれ故郷との関係を保ち、収穫とか葡萄の取り入れのときに、村に帰ってそこで農民に戻ったとすれば、市の境界を越えたことになるわけだが、しかし今度は反対の方角からである。農民自身、収穫物の一部を定期的に売りに出し、道具や衣服を定期的に買うとき、すでに市の一部になっている。卵とか鶏とかいったわずかな品物を売るためだけに、税金の支払いや、犂の刃の購入に必要な少しばかりの現金を得るためだけにしか町にいかない人たちは、言わば市の端に触れているだけである。彼は自家消費という大きな世界に留まったままである。道端や村々で、わずかな量の商品を売って歩く行商人は、彼の交換が、勘定がどんなにわずかなものであっても、交換の世界に、勘定の世界に、借方と貸方の世界に属する。店をもった人間はもう紛れもなく市場経済の経済単位に数えられる。自分の作ったものを自分で売れば小売り職人であり、他の人が作ったものを売れば、もう立派に商人の段階にある。市は週に一、二回開かれるだけだが、店はいつでも開かれ、持続的な交換の機会を提供するという利点がある。さらに、店は信用を伴う交換を提供する。小売店は商品を信用で仕入れ、信用で売るからだ。こうして、債務と債権の連続が、交換の中に張り巡らされてゆく。

市の上に、交換の初歩的経済単位の上に、大市[*33]と取引所[*34]（後者は毎日開かれ、前者は決まった期間だけ、長い間を置いて同じ場所で開かれる）が、より重要な役割を演じることになる。たとえ大市が、大抵の場合、小さな売手と中規模の買手のために開かれるにしろ、それは取引所と同じように、小売りには関わらない大商人（やがて卸売商人と呼ばれるようになる）に支配されていた。

「交換のはたらき」と題した第二巻のはじめで、私は市場経済のこれらの種々の要素について多くのページを割いて記述し、でき得るかぎり詳細に見ることに努めた。私はそのことにいささか楽しみすぎてしまったかも知れず、長すぎると思われた読者もいるかもしれない。しかし、歴史にとっては、まず何よりも記述が、率直な観察が、綿密な調査が、過大な先入観の入らない分類が大切なのではあるまいか。見ること、見させること、それが歴史家の仕事の半分を占める。でき得るかぎりわれわれ自身の目で見ること。都市の街頭の市を、昔ながらの店を、旅行の様子をまくしたてる行商人を、大市や取引所を観察するには、今日においてもなおヨーロッパ（もちろんアメリカは含まれない）以上に容易なところはないと断言できるからだ。ブラジルのバイア[*35]の奥地、アルジェリアのカビリー地方やブラック・アフリカに行けば、いまなお古代的な市が息づいているのを見ることができよう。そして、読む労を惜しみさえしなければ、かつての交換について物語る何千という資料がある。都市の史料館、公証人の記録簿、警察の記録文書、旅行者の物語、それに、画家たちのことは言うまでもない。

ヴェネチアを例にとってみよう。奇跡的なまでに手つかずのままの市街を散策し、史料館と博物館を見学して回れば、かつての光景をほとんどそのままに再構成できるはずである。ヴェネチアには、大市は、少なくとも商品の大市はなかった。キリスト昇天祭[*36]の時に開かれるラ・センサの大市は一つの祭りであり、サン・マルコ広場に商人の屋台が並び、サン・ニコロの沖で総督と海の結婚式が行われ、この儀式のために人々は仮面を付けて集まり、音楽と見せ物に興じる。サン・マルコ広場ではいくつかの市が開かれ、特に高価な装身具と高価な毛皮の市が立つ。しかし、今日同様、かつても一番大きな商売の見せ物は、リアルト橋と、今では中央郵便局になっているドイツ人商館の向かい側のリアルト広場で行われた。一五三〇年頃、グランデ運河の上に家をもっていたピエトロ・アレッティーノ[*37]は、果物と山のようなメロンを積んだ船が潟の島々からヴェネチアの「胃袋」に入って来るのを見ては楽しんでいたという。というのも、新リアルト広場と旧リアルト広場とからなるリアルト広場は、大小に関わらずあらゆる交換と商売の活気に満ちた中心であり「胃袋」であったからだ。この二つの部分からなる広場の喧騒からほんの少し離れたところに、この町最大の卸売商人たちが、一四五五年に建てられた彼らのロッジア（回廊）に集まった。この言わば彼

15世紀のヴェネチア、リアルト橋付近の風景
カラパッチオ画
ヴェネチア、アカデミア美術館蔵

らの取引所で、毎朝、ヒソヒソと商売の話をし、海上保険や積み荷の運送料の話をしていたのが目に浮かぶであろう。彼らは彼ら相互で、あるいは外国の商人と売買をし、契約にサインしていたのであろう。その少し先に、バンキエリ（銀行家）が、彼らの狭い店の中で、口座から口座への振替えによって、これらの即決取引を決済すべく待ち構えていた。そのまたすぐ近くには、今でもそのまま残っている野菜市場の「ヘルベリア」、魚市場の「ペシェリア」があり、ほんの少し離れたところには、十九世紀末まで破壊されずに残っていた肉屋の教会、聖マテオ教会があり、その隣のかつてクエリニ館に肉市場の「ベッカリエ」があった。

　十七世紀のアムステルダムの取引所の喧騒となると、いささか居心地が悪いかもしれない。だが、現代の株式仲買人が、ヨセフ・デ・ラ・ベーガ[*38]の『混乱の中の混乱』（一六八八）という驚くべき本を読めば、まるで自分たちのことが書かれているように思えて、面白がるに違いない。私が思うには、そこではすでに、株を所有することなしに売買し、転売するといった複雑で洗練されたゲームが行われ、期限取引とかオプション取引といったごく現代的な方式が取られていたはずだ。ロンドンへ行って、チェンジ・アレーにある有名な喫茶店に入れば、同じ手練手管、同じアクロバットを見ることができるだろう。

これくらいにしておこう。先にわれわれは図式化して、市場経済の二つの階層を区別しておいた。下の階には市、商店、行商人が属し、大市と取引所が上の階を構成する。ここで私は二つの問いを提出しておきたい。これらの交換の道具類——市、商店、行商人、大市、取引所——が、一四〇〇年から一八〇〇年にかけてのアンシャン・レジーム期におけるヨーロッパ経済の栄枯盛衰に一般的説明を与えることに、どのように寄与し得るのか？　また、これらの道具類は——ヨーロッパと同じようにか、それとは対照的にか——、最近になってようやくいくつかのことが知られるようになったばかりの非ヨーロッパ経済のメカニズムを、どのようにしてわれわれに明らかにし得るのだろうか？　この章の結論として、私が答えたいと思っているのがこの二つの問いである。

## 4　市、大市、取引所の歴史――ヨーロッパ世界と非ヨーロッパ世界

まず第一に、十五、十六、十七、十八世紀という四世紀間におけるヨーロッパの発展を跡付けておこう。

十五世紀、とりわけ一四五〇年以降に、経済の全体的復興の兆しが見られた。それは農産物価格の停滞ないし下落の一方で、「工業製品」の価格が上昇したおかげで、都市が農村を上回る速いペースで成長するようになったことによる。その時点で原動力の役割を果たしたのが、職人の店であり、あるいはそれ以上に都市の市であったことは間違いがない。これらの市がその網の目を広げていったのである。こうして、経済生活の「一階部分」に回復が見られたのである。

十六世紀、再び活発化した機構が、そのかつてのスピードを回復した（黒死病以前の十三、十四世紀は自由加速度の時代であった）という事実のみによってではなく、大

16世紀末のアンヴェルスの大市
作者不明
アンヴェルス王立美術館蔵

西洋経済の拡大という事実によっても、より複雑化していった。その原動力は、今度は国際的大市という高いレベルにあった。アンヴェルス、[39]ベルヘン・オプ・ソーム、[40]フランクフルト、[41]メディナ・デル・カンポ[42]等の大市、そして一時、西洋の中心地となったリヨン[43]の大市、やがていわゆる「ブザンソン」[44]の大市（それは後にピアッツェンツァで開かれるようになる）。このブザンソンの大市は非常に洗練され、通貨と信用取引だけになっていた。それは、少なくとも一五七九年から一六二一年までの四十年間は、当時の国際通貨の異論のない支配者であったジェノヴァ[45]の市民の君臨の場となっていた。レイモン・ド・ローヴェールは、生来の慎重さから性急な一般化は避けているものの、十六世紀を大市の最盛期と特徴づけることをためらわなかった。この活発な世紀の発展は、結局のところ、最上階、つまり上部構造の活気にあったと見做され得るだろう。アメリカからの貴金属の到来によって、そしてさらに大量の紙幣と信用状を速やかに循環させる交換と再交換のシステムによって膨らんだこの上部構造の増殖が、その原動力だったのだ。ブザンソンの大市、つまり、ジェノヴァの銀行家たちのこの脆弱な傑作は、一六二〇年代になって、同時に起こったいくつもの原因によって崩壊することになる。

地中海の魔術から解放された十七世紀の活動的生活は、大西洋の広大な領域を舞台に発展してゆく。この世紀はよく、経済的な後退ないし停滞の時代と書かれることがある。だが、この表現には含みを持たせなければならないであろう。というのは、十六世紀の飛躍がイタリアや他のところで否定しがたく断ち切られたとしても、アムステルダムの驚異的な勃興はやはり、経済不況の兆候下のものとは考えられないからである。いずれにしても、次の一点に関しては歴史家たちの間に異論はない。持続する経済活動が何であれ、商品の交換、換言すれば、交換の基本的形態に最終的には回帰するということをよりどころにしているのであれば、それはすべからく、オランダに、その船団に、アムステルダムの取引所に有利に働くことになる。同時に、大市が取引所、つまり商業センター――都市の市に対して商店の占めていた位置が、大市に対する商業センターのそれとなる――に場所を譲り、要するに、持続的な流れが断続的な出会いにとって代わってゆく。それはごくありふれた伝統的な歴史である。しかし、取引所だけに問題を絞ってはいけない。アムステルダムの華麗さは、より平凡な出来事をわれわれに隠してしまう危険がある。十七世紀は、実際、商店の着実な発展を、持続性のもう一つの勝利をもたらした。商店はヨーロッパ中に広がって、再分配のしっかりしたネットワークを作り上げていった。一六〇七年にロープ・デ・ベーガ[*46]は黄金時代のマドリッドについてこう言っている。「そこではすべてが商店になってしまった」《todo se ha vuelto tiendas》。

経済の全般的な加速の見られた十八世紀には、交換の道具のすべてがその論理に則って使われた。取引所はその活動を広げてゆく。ロンドンが、当時、国際的金融の大センターに専門化されつつあったアムステルダムを模倣し、その地位を脅かそうとしていた。ジュネーヴとジェノヴァもその危険なゲームに加わった。パリも活気づき、音域を上げていく。こうして、貨幣と信用がますます自由に、ある場所から他の場所へと流れていくようになる。こうした環境の中では、大市が廃れてゆくのは当然だった。伝統的な交換を、何よりも税の特権を与えることによって促進するために作られた大市は、簡素化された交換と信用の時代になって、その存在理由を失う。しかし、確かに、生活のペースが加速していったところでは衰退しはじめはしたが、未だなお伝統的な経済が残っているところでは、大市は広がりを見せ、存続していた。だから、十八世紀に大市が活発だったところというのは、ヨーロッパ経済のマージナルな地域ということになる。フランスではボーケール[*47]の大市のあった地域、イタリアで

15 世紀後半のアムステルダムの取引所
ヨブ・ベルクヘイデ画
アムステルダム国立美術館蔵

はアルプス（ボルツァーノ）地方やメッツォジョルノ地方、そしてバルカン諸国、*48 ポーランド、ロシア、西のほうでは大西洋の向う側、つまり新世界。

消費と交換が増大したこの時代において、初歩的な都市の市と商店がかつてなく活況を呈したことは言うまでもない。商店は村にまで押し寄せていった。行商人でさえ、その活動を何倍にも増大させた。さらに、イギリスの歴史学が、パブリック・マーケットに対して、プライベート・マーケットと呼んだものが発展した。前者がロうるさい都市の当局者の監視下にあったのに対し、後者はそうしたコントロールの埒外にあった。このプライベート・マーケットは十八世紀のはるか前から、イギリス全土に広がり、羊毛、小麦、布等といった品々を、市の外で農民から直接買うというように、生産者からの直接的な、しばしば前金払いによる買い付けを組織化していった。規制された伝統的な市に対抗して、自由に活動し、それればかりかその自由を最大限に活用する自立的な商業の鎖、それも非常に長い鎖が確立されていった。これらの鎖はその効率性によって、軍隊や大都市の巨大な糧食需要を賄うことによって認められてゆく。ロンドンの「胃袋」、パリの「胃袋」は革命的であったというわけだ。要するに、十八世紀のヨーロッパは「反―市場」まで含んだすべてを発展させたのである。

これらのことはすべてヨーロッパのことである。われわれはここまで、ヨーロッパのことしか語ってこなかった。それは何も、安易なヨーロッパ中心主義的な観点から、すべてをヨーロッパ独自の特殊な生活様式の下に見ようという思惑があってのことではなく、ただ単に、歴史学者という職業がヨーロッパで発展したということ、そして歴史学者というものは自分自身の過去に興味をもってきたという、それだけの理由による。ここ二、三十年間にこの状況に変化が起こった。インド、日本、トルコにおいて歴史的史料が体系的に研究され、われわれにもこれらの国々の歴史を、旅行者の報告によるもの、あるいはヨーロッパの歴史家の本を通してのものとは違った形で知ることができるようになった。われわれはすでに以下のような問いを提出するに足るものを持っている。いままで専らヨーロッパを対象として記述してきた交換の機構がヨーロッパの外に存在するとしたら、そしてそれが中国、インド、イスラム世界、そして日本にも存在していたとするなら、それを比較分析のために使い得るだろうか？そうした研究の目的は、それが可能であるとして、非ヨーロッパをヨーロッパ自体との関係において概観し、十九世紀にそれらの間に次第に大きく穿たれていった溝が、産業革命以前にもすでに見られたのかどうか、ヨーロッパが本当に、それ以外の世界に比べて進んでいたと言えるのかどうか、そうしたことをはっきりさせるというところにある。

最初の確認事項。市は世界中いたるところに存在した。ブラック・アフリカのようなほとんど粗削りの社会にも、アメリカインディアンの文明にも。まして、文字通り初歩的な市のふるいにかけられて発展した密度の高い社会は言うまでもない。われわれはほんの少しの努力で、こうした市を自分の目で見ることも、あるいは再構成することもできる。イスラムの国々では、都市は村々からその市をほとんど奪い取ってゆき、ヨーロッパとまったく同じように、飲み込んでいった。こうした市の中でも最も大きいものは、都市の大きな門のところに立ち、そこは結局、田舎でも都市でもなく、一方の都市の住民と他方の農民とが中立地帯で出合うための空間であった。都市自体の中にも、道路や狭い場所に、地区ごとの小さな市が忍び込んでゆくことに成功する。客はそこで、その日の新しいパンを、いくつかの商品を、そしてヨーロッパの普通の慣習とは反対に、肉団子だとか、グリル焼きした羊の頭、揚げ物、菓子といった調理済みの食品を見つけることができた。大きな商業センターは、商店が集まった市であ

ムガル帝国皇室アクバルの雄姿
作者不明
フランス国立図書館蔵

ると同時に、ヨーロッパで言う卸売り市場でもあり、フォンドークとか、バザール、あるいは、イスタンブール[*49]ではベゼスタンと呼ばれた。

インドの市には一つの特徴があった。市を持たない村は一つとして存在しないのだ。というのは、ムガル帝国皇帝[*50]へのものであれ、その領主へのものであれ、村落共同体から現物で引き渡される賦課租は、バイシャ階級[*51]の商人の仲介によって、現金化された上で収めなければならなかったからである。インドのこの村の市の大群を、都市化を阻んだ欠陥と見るべきなのだろうか、それとも反対に、バイシャ商人は生産物をその生産現場で支配することによって、村の中でプライベート・マーケットのようなことをやっていたと見るべきなのであろうか。

初歩的な市の段階で最も驚くべきものは、間違いなく中国の組織化された市である。それはほとんど数学的なまでに正確な地理学の上に成り立っていた。町か小さな都市を一つ取り、白紙の上にその位置を点で示し、その点の周りに六つから十個の村を、農民が町に一日で往復できる距離に配置する。この幾何学的集合――中心の一点と、円周上の六個から十個の点――、それがフランスでカントン（小郡）と呼ばれるものであり、町の市の影響圏である。実際には、この市は町の道路と広場ごとに分割され、その周りに古物商、高利貸し、代書人、食堂、茶店、居酒屋といった店が軒を連ねていた。G・W・スキナーが言うとおり、中国の農業文明の母胎は村ではなく、こうした（町と村の複合体である）カントンの空間である。市を持つ町はそれはそれで、適当な距離を置いて一つの都市をぐるりと取り囲み、その都市に食料を供給し、その都市を中継地点として長い商業路で結ばれ合い、それぞれの地域では生産できない商品を行き来させたことは容易に想像される。すべてがそのような一つのシステムを形作っていたということは、町々の市や都市の市の日程がそれぞれに重なり合わないように設定されていたという事実によっても証明される。市から市へ、町から町へ、行商人と職人は絶えず渡り歩いた。中国では職人の店は巡回し、市でサービスを提供していたからである。鍛冶屋や床屋でさえ、客の家で仕事をした。要するに、広大な中国は互いに結ばれ合い、緊密に管理され、規則的に配置された市の鎖に覆われ、それによって活気づけられていたのである。商店も行商人も同様に膨大な数に達した。しかし、大市や取引所といった、より複雑な歯車装置は欠けていた。大市はいくつかあるにはあったが、マージナルなものに過ぎず、モンゴルとの国境や広州で、厳しい管理下で外国人商人のために設けられていただけであった。

ここから二つのことが考えられる。政府がこうした交換の上位の形態に敵意を持っていたのだろうか、あるいは、これらの初歩的な市という毛細血管の循環だけで中国の経済は事足り、動脈や静脈を必要としなかったのであろうか。この二つの理由のいずれか、あるいはその両者によって、中国における交換は、結局、言わば頭を切られ、均等化されていたのである。このことが、中国で資本主義が発達しなかった大きな要因となることは後の章で見る。

交換の上位の段階は、日本においてよりよく発達した。日本では大商人のネットワークが非常によく組織化されていたのである。マレー諸島でも同様であった。古い商店街の四つ辻で定期的に開かれる大市と取引所——十五、十六世紀のヨーロッパのそれと同じ言葉が適用され得るとして——が開かれ、後にはさらに決められた場所で毎日、大商人の会合が持たれるようにもなった。こうして、例えば、ジャワ島で長い間もっとも活気のあった都市、バンタム[*52]では一六一九年にバタヴィア（現在のジャカルタ）が建設されてからも、卸売商人たちが毎日、市が終わる時間に一つの広場に集まってきた。

インドは大市のもっともよく発達した国である。多くの場合、巡礼の地と重なり合っていたため、大市は商業的であると同時に、宗教的な大きな集まりとなっていた。半島全土がこうした巨大な集まりによって、活気づけられていた。その遍在性と大きさはまさに驚嘆すべきものではあった。しかし、そうした大市は伝統的な経済の、そしてある意味では、過去を向いた経済の指標であったのかもしれない。

これとは反対に、イスラム世界では大市は存在してはいても、インドのそれほど多くも大きくもなかった。メッカの大市*[53]は例外中の例外でしかない。実際、極度に発達し、活況を極めたイスラムの諸都市は交換の上位段階の機構と道具をもっていた。約束手形がインドと同じくらいに流通していたし、それが現金と一緒に使われていた。信用と商業組織のネットワークが、イスラムの諸都市と極東を結んでいた。一七五九年にインドから陸路バスラ、*[54]コンスタンチノープル*[55]を通って戻ったイギリス人旅行家は、スーラト*[56]の東インド会社*[57]に彼の現金を預けないで、バスラの銀行家に現金、二千ピアストルを預け、アレッポの銀行家宛*[58]の「フランク語」*[59]の証書を受け取った。理論的には、彼は利益を得られるはずであったが、期待していたほどのものは手にできなかった。いつでも勝てるわけではないということであろう。

要約しよう。その他の世界の経済と比較すれば、ヨーロッパの経済は取引所や種々の信用形式といった、道具と制度の優越性のおかげで、より発展していたのは確かだと思われる。しかし、例外なしに、交換のあらゆる機構と手管はヨーロッパ以外の地域にも存在した。そうした機構の発達段階、使われ方には種々の段階があり、そこに一つの階層構造を見ることができる。ほとんど上位の段階に達しているのが、日本。そしておそらくマレー諸島とイスラム世界。確かに、インドもバイシャ階級の商人によって発展させられた信用制度、その危険な事業への資金の貸付、そして海上保険の実現によって、上位とそれほどかけ離れてはいない次のレベルに位置する。底辺に位置するのが、自己充足してしまっていた中国、そしてさらにその下に、何千という未だに原始的な経済が控えている。

世界の経済を相互に比較しランク付けすることは意味のないことではない。私は次の章で、市場経済と資本主義の占める位置を評価する際に、この階層構造をつねに念頭においておくつもりだ。要するに、この階層のランキングによって、私の分析も生きてくるのである。日々の物質生活という巨大な塊りの上に、市場経済は網を張り、その種々のネットワークを活気づけている。そして普通は、この市場経済そのものの上に、資本主義が繁栄するのである。全世界の経済が鳥瞰図の上に立体的に見えると言ってもいいかもしれない。

# 第二章　市場経済と資本主義

第一章では、十五世紀から十八世紀に至るまで、本質的には完全に交換経済とは無縁のままであり続けた固有の空間、自家消費という膨大な領域が存在したことを指摘した。十八世紀、いや、それ以降もなお、ヨーロッパには、もっとも発展した地域においてさえ、外の世界とほとんど繋がりをもたずに、互いに孤立し、ひたすら内にこもり、独自の生活様式を頑なに守り続けていた地域がいくつも散在していたのである。

この章では、交換経済、われわれが市場経済と言ったり、資本主義と言ったりする、まさしく交換経済に属する領域に入っていきたいと思う。二つの言い方をするのにはそれなりの理由がある。われわれにとって、この二つの領域は決して同じものではなく、別々のものとして区別して考えたいからである。繰り返しておくが、いずれにしても、この二つの経済活動——市場経済と資本主義——は、十八世紀に至るまで、あくまでも部分的なものにすぎず、生活の大半は、物質生活という膨大な領域の中に含まれ、呑み込まれていたのである。市場経済が拡がりを見せ、すでにかなり広い範囲に行き渡り、目覚ましい成果を上げつつあったとはいえ、それはなお往々にして厚みを欠いたものでしかなかった。適否はともかく、私が資本主義と呼ぶ、アンシャン・レジーム下の現象も、華々しく洗練された層を成していたとはいえ、ごく限られたものにすぎず、経済生活全般に影響を及ぼすほどのものではなかったし、逆説的ながら、自己増殖してゆくという資本主義固有の「生産様式」を未だ作り上げてはいなかった。普通には、商業資本主義と言われる、この資本主義は、市場経済を不可欠の前提条件としているにもかかわらず、市場経済全体を捕捉し、操作するにはほど遠かった。そうではあれ、資本主義の国内的、国際的、世界的な役割はすでに明らかであった。

## 1　市場経済

すでに第一章で述べた市場経済については曖昧なところはほとんどない。実際、歴史学者たちはそれを玉座に据え、誰もが特別扱いする。それに比べて、生産と消費は、数量的分析がまだ端初についたばかりということもあって、言わば、未だ探査されざる大陸の感がある。この広大な宇宙を理解することは容易ではない。反対に、市場経済は、つねに話題に上らないことはない。それは、都市の史料、商家の私的史料、裁判所や警察の文書、商工会議所の会議録、公証人の記録といった記録文書のページというページを埋めている。どうして、それを無視したり、それに興味を引かれないでいられよう。それは絶えず脚光を浴び続けてきた。

だからこそ逆に、市場経済しか目に入らないという危険性、それを微に入り記述することによって、まるでそれが圧倒的な力を持つ永遠の存在であるかのように言う危険性がある。しかし、市場経済とは、大きな全体の中の一部分にすぎないのである。というのも、その本質は、生産と消費を仲介するということに尽きるからであり、その実際は、十九世紀に至るまで、下に広がる日常生活という大海と、上から繰り返し操作の手を伸ばしてくる資本主義のプロセスとの間に挟まれた、単に一つの層、それも、確かにある程度の厚みと活力をもつとはいえ、時にはごく薄い層にすぎなかったからである。

市場経済がこうした限られたものであることについて、はっきり認識している歴史学者は少ない。だが、そうした制約によって、市場経済の範囲が確定され、その真の役割が明らかになるのである。ヴィトルド・クーラは、そんな数少ない学者の一人である。市場価格の変動、その上昇と下降、経済恐慌、遠隔的連動、一様化傾向等の現象を通して、交換量の規則的増大が目に見えるものとなっているからといって、彼は、そうした目に見える現象だけに目を奪われはしない。彼の喩えを借りて言えば、井戸の中を覗き込んで、底深くたまった水にまで目をやることが、つまり、市場価格がその表面に達することはあっても、必ずしもその中にまで潜り込み、かきまわすことまではできない物質生活という奥深い領域にまで目をやることが重要なのである。だから、二重帳簿を持たないような経済史、即ち、井戸の縁と底にたまった水の両方を見ないような経済史は、ひどく不完全なものとなろう。

とはいえ、十五世紀から十八世紀にかけて、市場経済に他ならぬ活気に満ちた生活の領域が絶えず拡大し続けてきたこともまた確かである。その前触れとなり、その証拠ともなる出来事が、地域を越えた市場価格の連鎖反応的な変動である。物価が世界中で変動した。ヨーロッパでは、無数の報告があるし、日本、中国、インド、イスラム世界のいたるところで（例えば、トルコ帝国）、そして、アメリカ大陸でも、早くから貴金属が重要な役割を果たしていた地域、つまり、ヌエバ・エスパーニャ、[*1]ブラジル、ペルーといった地域でも見られた。それぞれの地域での物価は、よかれあしかれ、相互に関連し合い、地域毎に多少の時間的なズレを伴って連動していった。経済が相互に密接に繋がりあったヨーロッパの中ではほとんど時間のズレはなかったが、他方、インドなどは、ヨーロッパに遅れること二十年、十六世紀末から十七世紀初頭に至ってようやく物価変動の波が到達する。要するに、良くも悪くも、世界の様々な市場は、ある一つの経済によって、相互に結びつけられていたのである。そして、この経済の航跡に沿って、いくつかの特別の商品と貴金属、それにすでに世界を回っていた特権的な旅行者たちが行き来した。アメリカ産の銀で鋳造されたスペインの八レアール銀貨は、地中海を渡りトルコ帝国、ペルシアを通って、インドと中国に達した。同じアメリカの銀は、一五七二年以降、太平洋を渡って、マニラを経由するという新しいルートを通じて、再度、中国に到達する。

こうした独特の繋がり、連鎖、交易、往来に、どうして歴史学者が目を引かれずにいられようか。当時の人々がそうであったように、現代の歴史学者たちも、こうした人目を引く現象に魅せられてしまっている。しかし、草創期の経済学者たちは、市場における需要と供給の他に、一体何を研究したと言えるだろうか？　口うるさい都市といえども、市場、備蓄、物価の監視の他に、どんな経済政策があったと言えるだろうか？　そして、君主の勅令に経済政策が記されることがあっても、それは国内市場、及び、自国の貿易船を保護するためであり、国内及び国外市場と結びついた国内産業を育成するだけではなかっただろうか。対応が可能で、論理的であり得たのは、この市場という限られたデリケートな領域だけであった。それは、経験が日々示しているように、講じられた措置にすぐに反応する。こうして、正否はともかく、人々は、交換がそれ自体で決定的な役割を、均等をもたらす役割を持つものであり、競争によって格差を均等化し、供給と需要を調整するものであり、要するに、市場が隠れた慈しみ深い神であると信じるようになる。まさしく、アダム・スミスの[*2]「見えざる手」であり、自己調整能力をもった十九世紀の市場であり、それこそが経済の要であり、自由放任がその通行証である、と。

そこには、幾分かの真実と、幾分かの虚偽とが、そして、錯覚もまた含まれている。事実上の、あるいは、合法的な独占によって、幾度となく価格が恣意的に決定され、市場がかき乱されてきたのではなかっただろうか。さらに何よりも、市場競争の利点（「人類が初めて手にしたコンピュータ」）を認めるにしても、少なくとも、市場による生産と消費の結びつきが不完全なものでしかないことを指摘しておく必要がある。その結びつきが部分的なものに留まっているということからだけでも、不完全であることは免れがたい。部分的という言葉を強調しておこう。実際、私は、市場経済の利点と重要性を認めるにやぶさかではないにしろ、それが排他的に支配していたとは考えない。だが、ごく最近まで、経済学者たちは、市場経済の図式と教義の中でしか議論してこなかった。チュルゴー[*3]にとっては、流通こそが経済活動のまさしくすべてだった。それよりはるか後になっても、デヴィッド・リカード[*4]は同様に、市場経済の活発ではあれ狭い流れしか見なかった。ようやくここ五十年来、経済学者たちは、経験から学んだおかげで、自由放任の自前の効力を擁護することはなくなったとはいえ、その神話は、今日の世論や、政治的言説から今なお消え去ってはいない。

## 2　資本主義という用語

私が、ここで敢えて、資本主義[*5]という言葉を、それがまだ必ずしも市民権を得ていない時代に対して使ったのは、何よりもまず、市場経済とは明らかに異なった活動を指すために、市場経済という言葉とは違った言葉を必要としていたからである。言うまでもないが、羊の群れの中に狼を解き放つことが私の意図ではなかった。多くの歴史学者たちがこれまで繰り返し、正しく指摘してきたように、この論争の的となっている言葉は曖昧であり、現代的な意味から、さらには時代錯誤的と言われるような意味まで背負い込まされてしまっていることは、私も十分承知してはいる。それを押して敢えてこの言葉を使ったことには、いくつかの理由がある。

まず第一に、十五世紀から十八世紀にかけて進行したあるプロセスに独自の名称を与える必要があった。近くから観察すれば、それを普通の市場経済の中に収めようとしても無理であることがすぐにわかる。そこで自然に頭に浮かんできたのが、資本主義という言葉だった。厄介だと思って、門から追い払っても、すぐにまた窓から忍び込んできてしまうのだ。それに代わる然るべき言葉が見つからないからであり、それがすべてを語っている。あるアメリカの経済学者が言っているように、資本主義という言葉を使う最大の理由は、どんなに評判が悪くとも、結局のところ、それに代わる他の言葉が見つからないということにある。確かに、数かぎりない論争と対立をもたらしてしまうという難点がある。しかし、有益であるか無益であるかということ以前に、こうした論争はどのみち避けられないのであり、そんなものがないかのように振る舞ったり、議論したりすることはできないのだ。それよりも、最大の難点は、この言葉があまりに今日的な意味を背負い込んでしまっているということにある。

というのも、資本主義という言葉が広い意味で使われはじめたのは、二十世紀初頭になってからのことであるからだ。いささか恣意的ではあれ、そうした使い方は、一九〇二年に出版された、ヴェルナー・ゾンバルト[*6]の有名な『近代資本主義』にはじまると、私は見做している。この言葉は、マルクス[*7]でさえ知らなかったはずだ。というわけで、われわれはアナクロニズムという最大の過ちを犯す危険性に直に身を晒すことになる。産業革命以前には、資本主義はなかったということになっているのだから。いつだったか、若い経済学者がこう叫んでいた。「資本ならあったが、資本主義なんかありっこない！」。

しかし、たとえ遠い過去であろうと、過去と現在の間に完全な断絶、絶対的な非連続性、あるいはこう言ったほうがよければ、非―汚染など決してありはしない。過去の経験は現在の生活の中に持続し、それを豊かなものにし続けているのである。実際、今日、多くの、それも優秀な歴史学者たちは、産業革命が十八世紀のはるか以前からはじまっていたことを認めている。そう認められるようになった一番大きな理由は、おそらく、今日のいくつかの低開発国が、いわゆる成功例を模範にして、産業革命を試みながらも、失敗するという光景を目の当たりにしたということにあるのだろう。一言で言えば、この弁証法、つねに再審をせまられる過去／現在、現在／過去の弁証法こそが、まさしく、歴史そのものの核心、その存在理由なのかもしれない。

## 3　資本主義の発展

資本主義という言葉を、とりあえず歴史の研究だけに用いるために、定義づけ、使いこなそうと思うなら、まず、その元となり、それに意味を与えている資本と資本家という二つの言葉の間に置いて考えてみる必要がある。資本とは、目に見える実在であり、すぐに識別できる、つねに働き続けている財源である。資本家とは、社会そのものの存立基盤たる不断の生産過程への資本の投入を指揮し、あるいは、指揮しようとする人間である。そして資本主義、それは、大ざっぱに言えば（実際、大ざっぱでしかないが）、普通ほとんど利他的なものではない目的のために行われる、資本投入という絶えざる賭けのあり様そのものに他ならない。

キーワードは資本である。それは、経済学者の研究の中では、資本財という限定的な意味で使われていた。それは、金銭の蓄積だけではなく、利用可能な、あるいは、すでに利用された、それに先立つすべての労働の成果をも意味する。家は資本である。納屋に貯えられた小麦も資本である。船も道路も資本である。しかし、資本財は、それが新たな生産過程の一部になるのでなければ、その名前に値しない。使われないで金庫にしまわれた金銭はもはや資本ではないし、開発されていない森林も資本ではない等々。そうだとしても、資本財を蓄えなかった社会、蓄えない社会、それらを労働のために定期的に利用もせず、労働によってそれらを再構築もせず、それらから利益をもたらさせもしない、われわれの知るかぎり、そんな社会が一つでもあっただろうか。十五世紀の西洋ではどんなに小さな村にも、道路があり、石を取り除かれた畑があり、開墾された土地があり、整備された森があり、生け垣があり、果樹園があり、水車があり、穀物倉があり……。アンシャン・レジーム期の経済についての試算によると、一年間の労働による国民総生産と資本財の総量――フランス語では、パトリモワヌ（資産の意）という――の比率は、一対三ないし四であったという。ちなみに、この数値は、ケインズが現代社会の経済について認めたものと同じなのである。それぞれの社会はかくのごとく、その背後に、蓄積された労働の三、四年分に相当するものを蓄えていたのであり、滞りのない生産のためにそれを利用していたのである。

小麦を運ぶ商人
作者不明
シエナ美術陳列館蔵

もっとも、こうした資産（パトリモワヌ）は、この目的のために部分的に動員されるだけで、百パーセント使われてしまうことはなかった。

だが、この問題はこれくらいにしておこう。周知のことで、私が説明するまでもないからだ。説明を要するのは、次の一点だけである。資本主義を市場経済から、逆に、市場経済を資本主義から、どうやれば正しく区別し得るか、という一点である。

言うまでもないが、水が下になり、油が上になるといったような歴然とした区別を、私から期待しないでほしい。経済の現実というものは、決して（水と油のような混ざり物のない）単体に関わるものではないからだ。とはいえ、次のことを理解するのはそれほど難しくはないだろう。いわゆる市場経済には少なくとも二つの形態（AとBと呼ぶことにする）があり得る。市場経済によって生み出される人間関係、経済関係、社会関係をみるだけでも、ほんの少し注意すれば、区別できるはずである。

最初のAのカテゴリーには、市での日常的な交換とか、近郊の町に運ばれる小麦や木材のようなものの、局地的ないし比較的狭い地域内での取引が含まれる。さらに、定期的で定例になっていて、大商人だけではなく小商人にも開かれたものであるかぎりは、より大きな範囲の商業取引も含まれる。例えば、十七世紀に行われていた、バルト海沿岸地域の穀物のダンチヒ[*8]からアムステルダムへの海上輸送とか、南ヨーロッパと北ヨーロッパの間の、油とワインの貿易（毎年、イーストラ半島[*9]の白ワインを求めてドイツから大挙して押し寄せる荷馬車のことが頭に浮かぶ）などである。

こうした、予想外のことの起こらぬ「透明」な交換、各自があらかじめ一部始終を知っていて、つねにほどほどのものである利益が大体推測できるような交換については、小さな町 bourg[*10] の市が格好の例を提供してくれる。そこにはまず、農民や職人といった生産者と、そしてその町や近隣の村からやってくる買手たちが集まる。時には、商人、つまり、買手と生産者の間の仲介者、第三者が入ることがあっても、精々二、三人くらいであった。こうした商人は、時によっては、ストックを操作することによって、価格に影響を与え、市を混乱させたり、支配したりすることもできた。小さな仲買人でも、規則をないがしろにして、町の入口で農民を待ち構え、安い値段で彼らの品物を買って、次にそれを買手に売りつけるということができる。それは初歩的な詐欺行為であり、どこの町でも見られるが、大きな町になるほど頻繁に見られ、広がるにしたがって、価格を吊り上げることができるようになっていった。

かくして、われわれの思い描く理想的な町 bourg においてさえ、その規則に則った、公正な、透明な、ドイツ語の表現を借りれば、「目と目、手と手」で行われる商取引においてさえ、透明性を、統制を逃れる、Bのカテゴリーにそった交換が絶対にないわけではない。同じように、バルト海沿岸の小麦輸送船団を動かしていた定期的な貿易も、透明な商業取引であった。価格の変化は、出荷地のダンチヒと到着地のアムステルダムで同時に起こり、それゆえ、それによってもたらされる利益は確実であると同時に、一定の限度のあるものだった。だが、例えば、一五九〇年代に地中海で起こった飢饉のようなものがあれば、大口の買手をもった国際貿易商は、船団をいつものルートから迂回させ、積み荷をリヴォルノやジェノヴァに運び、三倍、四倍の値段で売るに違いない。ここでも、Aの経済は、Bの経済に場所を譲ることがあり得るわけだ。

交換の階層を上ってゆくにしたがって、この第二のタイプの経済が優勢になり、われわれの前に、はっきりと違った「流通の領域」が現れてくる。イギリスの歴史学者は、十五世紀以降、伝統的な公的な市——パブリック・マーケット——の傍らにあった、彼らがプライベート・マーケットと命名した私的な市が、その重要性を増してきたことを指摘している。私としては、違いを強調するために、むしろ、反―市場と呼びたい。それは実際、伝統的な市の規則、しばしば、活動を麻痺させるほど行き過ぎた規則を反故にしようとするものであったからだ。行商人たちは、生産者のところに赴き、商品をかき集め、まとめ買いする。農民から直接に、羊毛、麻、家畜、皮、大麦、小麦、家禽等を買う。時によっては、そうした生産物をあらかじめ、羊の剪毛前に羊毛を、青田のうちに小麦を買ってしまうこともあった。村の旅籠で、あるいは、農場で、紙切れにサインすれば、契約は成立した。次に、彼らは、買い入れた品物を、馬車や駄馬、荷船で、大きな都市や、積み出し港に運んで行く。こうしたことは世界中いたるところで見られた。パリの周りでも、ロンドンの周りでも見られたし、羊毛はセゴビア、小麦はナポリ周辺、油はプリア、[*11]胡椒はマレー諸島……。農場に直接出向かない場合には、行商人たちは、市の周辺で、市の立つ広場の近辺で商談をした。その主たる舞台になったのは旅籠であった。旅籠は交通の中継地点であり、輸送の要所であったからである。

このタイプの交換が、売手と買手が一堂に会するという通常の市のあり様を、当事者各自の状況次第で恣意的に条件が変化する個人的な取引に様変わりさせていった。

そうしたことは、イギリスで頻繁にあった、買手のサインの入った紙切れの解釈を巡る訴訟記録を見れば、一目瞭然である。それが不公平な交換であることは明らかである。そこでは、いわゆる市場経済の原則である競争がほとんどなく、商人が二つの点で優位に立っていた。彼らは、生産者と、商品の最終的な受取り手との間の関係を断ち切る（商人だけが、買値と売値の市での相場を、それゆえ、見込まれる利益を知っている）。そして、彼らは、何より現金をもち、それが彼らの最大の強みだった。こうして、生産と消費の間に、商人の長い連鎖が張りめぐらされていったし、そして、まさしく彼らの効率の良さが、とりわけ、大都市への食料の供給にとって、彼らを不可欠なものとさせ、市当局をして、黙認するか、少なくとも、取締の手を緩めさせたのだった。

ところで、こうした連鎖が長くなり、それが慣習的な規則や取り締まりを逃れるようになるにしたがって、資本主義のプロセスがよりあからさまになってゆく。それは、遠方との貿易において、より華々しい形で見て取れる。そこに、最上級の交換活動を認めているのは、それを遠隔地交易[*12]（フェルンハンデル）と呼んだドイツの歴史学者たちばかりではない。遠隔地交易は、優れて、自由な操作の利く領域であり、その隔たりのおかげで、通常の監視の目を逃れ、その裏をかくこともできる。こうした交易

17世紀前半、東方貿易に出発する東インド会社の商船隊
アダム・ウィラーツ画
グリニッジ海洋博物館蔵

は場合によっては、コロマンデル海岸[*13]やベンガル地方[*14]からアムステルダム、アムステルダムからペルシア、中国、日本の小売商へというほどのこともあった。こうした広大な活動領域の中で、商人たちは利益を最大限にするものをいくらでも選ぶことができたし、実際にそうした。アンティル諸島[*15]との貿易がしかるべき利益をもたらさないことになったら？　何の心配もいらない。同じとき、極東間貿易や中国との貿易が倍の利益をもたらしてくれる。船の行く先を変えるだけでいいのだ。

この莫大な利益から、巨大な資本蓄積が生じる。遠隔地交易が少数者の手に牛耳られていたという事情がそれに拍車をかけた。誰でもがそこに入れるわけではなかった。これとは対照的に、局地的な商取引は多数の受益者たちの間に分散する。例えば、十六世紀のポルトガル国内での商取引は、それを総体として貨幣価値に換算してみれば、胡椒と香辛料、薬種の貿易をはるかに凌駕していた。しかし、そうした国内商取引は、しばしば物々交換という形で、つまり、使用価値の交換という形で行われていた。香辛料の貿易が貨幣経済の路線に合致するものだったのだ。そして卸売商人——大商人だけがそれに手を染め、そこから得られる巨額の利益を彼らの手に集中していったのである。同じ推論が、ダニエル・デフォー[*16]の時代のイギリスにも成り立つであろう。

世界のどの国でも、卸売商人―大商人のグループが、他の商人の集団から際立った存在となっていたこと、そしてこのグループがごく小人数ながら、他の活動にもまして、特に遠隔地交易につねに関わってきたということ、そうしたことは偶然ではない。こうした現象は、ドイツでは十四世紀から、パリでは十三世紀から、イタリアの諸都市では十二世紀か、おそらくそれ以前から見られた。西ヨーロッパでの最初の貿易商の出現以前に、イスラム世界では、tayir と呼ばれる輸入―輸出商がいて、彼らの本拠地から（すでに一定の場所で商売が行われていたわけである）代理人や仲買人を指揮していた。彼らは、スークと呼ばれる市の商店主、hawanti とは何の共通性もなかった。一六四〇年代に、インドの大都市だったアグラの商人について、ある旅行者の手になる記録が残っている。「我が国スペインでは、mercader（商人）と呼ばれる人たちが」ここでは、sogador という名で呼ばれている。「しかし、何人かの人々には、katari という特別の名前が与えられている。それは、この国で、商いを生業とするものに与えられるもっとも輝かしい称号であり、もっとも豊かで信頼のおける商人を意味している」。西ヨーロッパにおいても、同じように語彙による区別があった。〈négociant〉（卸売商人、大商人〉は、フランスの katari であり、この言葉は十七世紀に登場する。イタリアでは、mercante a taglio（小売り商人）とnegoziante（卸売商人）との差は大きかった。同じように、イギリスでも、tradesman（小売り商人）と、港に居を構えて、もっぱら輸出と遠隔地交易を手掛けるmerchantの間に、ドイツでは、Krämer（小売り商人）と、Kaufmann（卸売商人）あるいはKaufherr（大商人）の間に大きな違いがあった。

これらの資本家たちが、イスラム世界においてもキリスト教世界においても、君主と親交を結び、国家の協力者ないし搾取者であったことは、言うまでもないであろう。ごく早くから、彼らはつねに、「国」境を越え、異国の地の商人たちと接触していた。彼らは、自分たちの利益を殖やすための術策に長け、債権の操作を知り尽くし、良貨と悪貨を都合よく使い分け、金や銀でできた良貨は、大きな商取引、つまり「資本」を作るために使い、銅貨、すなわち悪貨は、安い労賃や日々の支払いに、要するに「労働」に対して使っていた。彼らは、情報、知識、文化において勝っていた。そして彼らは、土地、不動産、地代……何であれ、手に入れる価値のあるものはすべて、自分の周りにかき集めた。彼らが独占をほしいままにしていたか、そうでなくとも、十中八、九、競争を無効にするに足る十分な力を持っていたことは、疑いようはない。

オランダのある商人が、ボルドーの配下の一人に宛てた手紙の中で、取引の計画を漏らさぬように釘をさして、さらにこう付け足している。「この件に関しても、他の多くの場合と同様に、競争がはじまってしまえば、旨みがなくなってしまう」。そして、資本家たちが、彼らの特権を維持すると同時、当時の大きな国際的な取引をわがものにすることができたのも、彼らの莫大な資本のおかげであった。というのは、一つには、この時代の輸送はひどく時間がかかり、大きな貿易では資本の回転がかなり遅くなることを覚悟しなければならなかったからである。投資された金が、利益でふくらんで戻ってくるまでに、何ヶ月も、時には、何年も待たねばならなかった。また一つには、普通、大商人は、自分の持っている資本だけを使っていたわけではなかったからである。彼らは、信用に物を言わせて、他人の金を当てにすることができたのである。要するに、資本は移動するのだ。十四世紀末には、フィレンツェに近いプラートの商人、フランチェスコ・ディ・マルコ・ダティーニの記した記録によれば、イタリアの都市の間ばかりではなく、バルセロナ、モンペリエ、アヴィニョン、パリ、ロンドン、ブリュージュ等々といった、ヨーロッパ資本主義の中心的な諸都市の間で、為替手形がやりとりされていたという。とはいえ、こういったゲームは、今日のバーゼルの国際決済銀行[*17]の極秘審議がそうであるように、一般人のあずかり知らぬ世界だった。

このように、商業ないし交換の世界は厳格に階層化されていたのである。下は、仲仕、荷揚げ人足、呼び売り商人、荷車引き、水夫といった身分の低い職業から、出納係、小売り商店主、種々の名前をもった仲買人、高利貸し、そして一番上に、卸売商人という階層である。一見して驚かされるのは、労働の専門化と分割が、市場経済の発展に応じて急激に際立たされ、商業の世界全体に影響を与えながら、その頂点をなす卸売商人―資本家のところまでは及ばなかったということである。つまり、機能の細分化の過程、この近代化は、まずは底の部分だけに現れたのだ。職務別の労働者、小売り商店主、さらに呼び売り商人が専門化されてゆく。だが、ピラミッドの上の部分は専門化されることはなかった。十九世紀に至るまで、規模の大きな商人は、言わば、自らの活動を一つに絞ることは決してなかった。彼らもまた商人であることに変わりはないが、決して一つの分野に限定されず、状況次第で、船主にも、保険業者にも、金の貸し手にも借り手にも、金融家にも、銀行家にも、さらには、工場主にも、農業開拓者にもなった。十八世紀のバルセロナでは、ボティガーと呼ばれる小売り店主たちは、扱う商品ごとに、リンネル商、毛織物商、香辛料商という具合に、すでに専門化されていた。彼らも、卸売商人になるほど富を蓄えると、専門化から非専門化へと移行した。その時から、彼らの手の届くかぎりの旨い商売はすべて、彼らの専門の仕事となるのだった。

この変則的な事態については、これまでもよく論じられてきたが、およそ満足のゆく説明はなされていない。商人は、種々の分野に活動を広げることによって、リスクを分散させると説明されている。コチニール染料[*18]で損をしても、香辛料で儲けるという具合に。商品取引で失敗しても、為替相場に投機したり、農民に金を貸しつけたりして、金を作るという具合に。要するに、「全部の卵を同じ籠に入れてはいけない」というフランスの格言を守っていたということなのだろうか。

私の考えはこうだ。

まず第一に、大商人が専門化しなかったのは、彼らの手に届くどの分野も、彼らの全活動を吸収し得るほどには十分に成長していなかったからである。過去の資本主義は、資本不足で小規模なものにすぎず、開花するためには、長い蓄積の期間が必要だったと信じられてきた。しかし、大商人たちの手紙や、商工会議所の記録を見ればわかるように、資本がむなしく投資先を探していたことが決して少なくなかったのである。資本家たちは、避難資本として、あるいは、社会的価値を高めるために、土地の購入に魅せられもしたし、また時には、イギリスやヴェーネト地方、[19]そのほかで見られたように、近代的なやり方で土地を開拓して、それを重要な収入源とすることもあった。あるいは、都市の不動産投機に手を出すものもいたし、また、例えば鉱山への投機（十五―十六世紀）のように、産業の領域に進出しようとするものも、少数ではあれ、繰り返し現れた。しかし、重要なことは、彼らが、少数の例外を除いて、生産のシステムには興味を示さず、職人の作るものの商品化を円滑化するために、家内労働システム、[20]プッティング・アウト（外注）・システムによって、職人たちの生産を管理するだけで満足していたということである。職人とプッティング・アウト・システムに比べれば、マニュファクチャー[21]は、十九世紀に至るまで、生産のごく小部分を占めるにすぎなかった。

そして第二に、大商人がしばしば活動領域を変えたのは、大きな利益の上がる領域が絶えず変化したからである。資本主義は状況依存を本質とする。今日でもなお、その強さの秘訣は、適応と再転換の速さにある。

プリント地を作るマニュファクチャー
J.C.ロセッチ作、壁画部分
オランジェ、個人蔵

最後に、とはいえ、こうした商業活動の中にある一つの専門化だけが、時として現れる傾向があったということを付け加えておかねばならない。金融業である。だが、その成功は決して長続きしなかった。あたかも、経済の仕組みが、言わば、こうした経済の高みにまでは栄養分を押し上げることができなかったかのように。フィレンツェの銀行は、束の間の繁栄の後、十四世紀にはバルディ家とペルッツィ家とともに没落し、そして十五世紀にはメディチ家と運命を共にした。一五七九年以降、ジェノヴァのピアツェンツァの大市が、ヨーロッパ中のほぼすべての決済を担うことになるのだが、このジェノヴァの銀行家たちの野心的な冒険も、半世紀ともたず、一六二一年までしか続かなかった。次に十七世紀になると、アムステルダムが、ヨーロッパの金融網を華々しく支配するようになるが、この経験も、今回もまた次の世紀には挫折することになる。金融資本主義[*22]が成功するのは、十九世紀に入って、一八三〇―一八六〇年以降でしかなく、この頃になってようやく、銀行は商業のみならず産業まですべてを握り、そして、経済全体が、この銀行という構築物を最終的に支え得るだけの力をつけたのである。

要約しよう。交換には二つのタイプがある。一つは、次元の低いもので、透明であるがゆえに競争原理の働くもの。他の一つは、高度で洗練され支配的なものである。この二つのタイプの活動を支配しているのは、同じメカニズムでも、同じ経済単位（エージェント）でもない。資本主義の領分があるのは、第一のではなく、第二のタイプの交換である。小さな村にも、悪知恵の働く田舎資本家のようなものがいたであろうことを否定するつもりはない。モスクワのヴィクトール・ダリン教授から聞いた話によれば、レーニン*23は、社会主義の国であろうとも、一度村の市が自由化されれば、それが資本主義という大木に成長し得るとかねて主張していたという。小売り商店主の間にミクロ資本主義のようなものがあったであろうことも否定はしない。ガーシェンクロン*24などは、そこから本当の資本主義が発生したと考えている。資本主義の基礎をなす力関係は、社会生活のすべてのレベルに繰り返し姿を現すに違いない。だが、何と言っても、資本主義が最初に開花し、その力を誇示し、われわれの前に姿を現すのは、社会の上部においてである。資本主義を探しに行くべきところ、それを見出す可能性があるところとは、バルディ*25とか、ジャック・クール、ヤーコプ・フッガー、ジョン・ロー、それにネッケル*26といった人たちの一族が活躍していた場所である。

一般に、資本主義と市場経済とが区別されないのは、中世から今日に至るまで、両

金貨を数えるヤーコプ・フッガーの手
作者不明
ブダペスト美術館蔵

者が歩みを共にしてきたからであり、資本主義が、経済発展の原動力ないしその成果と見做されることが多かったからである。だが、実際は、すべては物質生活という大きな背に跨ってきたのである。物質生活の拡大とともに、すべてが前進し、市場経済はそれ自身、多くの犠牲を払いつつ、急速に拡大し、その網の目を広げていったのである。こうした拡張からつねに恩恵を蒙ってきたのが、資本主義なのだ。それゆえ、ヨゼフ・シュンペーター[*27]が、企業家をデウス・エクス・マキナ（機械仕掛けの神）とみなすのは間違いである。決定的なものは全体としての動きであり、あらゆる資本主義は、何よりも、その下の経済に見合ったものでしかない、それが私の一貫した主張である。

## 4　資本主義の発展の社会的条件――国家、宗教、階層

少数者の特権である資本主義は、しかし、社会の積極的加担なくしては考えがたい

ものである。それはまさしく、社会秩序の現実であり、政治秩序の現実ですらあり、そして文明の現実ですらある。というのも、ある意味で、社会全体が多かれ少なかれ意識的に、資本主義の価値を認めねばならないからだ。とはいえ、つねにそうであったというわけではない。

高度に発展した社会はどれも、いくつかの「集合」に分かれる。経済的なもの、政治的なもの、文化的なもの、社会階層的なものという具合に。経済的なものは、それがよそに分散し、同時に、よそからの進出に門戸を開いているものであるがゆえに、他の「集合」との関わりにおいてしか理解されない。そこには作用と相互作用がある。資本主義という、経済的なものの特殊で部分的な形態は、そうした隣接領域の存在と、それらによる浸食に照らし合わせることによってしか、十分には解明されない。そこでこそはじめてその本性が現れるのだ。

近代国家は、それが資本主義を作り出したわけではなく、それを受け継いだだけではあるが、資本主義を助長することもあれば、阻害することもあるし、その拡張を放任することもあれば、その原動力を打ち砕いてしまうこともある。資本主義は、それが国家と一体化するとき、それが国家であるときにのみ、栄える。その最初の繁栄期、ヴェネチア、ジェノヴァ、フィレンツェといったイタリアの都市国家において、権力を握っていたのは商業エリートだった。十七世紀のオランダでは、執政官であった貴族階級は、実業家、大商人あるいは出資者の利益にそうように、時には言いなりに統治していた。イギリスでは、一六八八年の革命[*28]が、同様に、オランダ風商業の到来を告げた。フランスでは一世紀以上遅れて、一八三〇年の七月革命[*29]によって、ようやく商業ブルジョアジーが政権の座にどっしりと腰を据えたのである。

かくのごとく、国家というものは、固有のバランス感覚と固有の抵抗力に従って、金銭の世界に好意的であったり、敵対したりするものなのだ。文化と宗教も事情は同じである。原則的には、宗教は伝統的な勢力であるがゆえに、市場や、貨幣、投機、高利等の革新には否定的なものである。しかし、教会の便法というのがある。教会は、表向きは否定し続けるものの、俗界の圧倒的な必要性を最後には肯定するのである。簡単に言えば、教会は、かつて「近代主義」と呼ばれた「迎合（aggiornamento）」を受け入れる。オーギュスタン・レノーデは、聖トマス・アクィナス[*30]（一二二五—一二七四）が成功を約束された最初の近代主義を表明したと述べている。確かに、宗教が、それゆえ、文化がかなり早くから、障害を取り除いてきたとはいえ、特に利付き貸出しに関しては、高利と見做して、原則的で頑な反対の姿勢を貫いてきた。こうした資本主義に対する疑念は宗教改革によってはじめて解消され、それが北ヨーロッパの国々における資本主義の躍進の根本的な理由であるとさえ主張されてきたが、実のところ、いささか短絡的である。マックス・ウェーバー[*31]にとって、現代の意味で言う資本主義は多かれ少なかれ、プロテスタンティズム、より正確に言えば、ピューリタニズムの創作物に他ならない。

歴史学者たちは誰も、この根拠の希薄な主張を決定的に葬り去ることはできなかったものの、反論し続けてきた。それは彼らの前に立ちふさがっている。だが、こうした主張は明らかに間違っているのだ。北ヨーロッパ諸国はただ、それ以前に、長きにわたって繁栄し続けてきた地中海沿岸の資本主義の古い中心地が占めていた地位を引き継いだだけなのである。北ヨーロッパは、技術の面でも、商業の面でも、新しいものは何も生み出さなかった。アムステルダムはヴェネチアを模倣し、ロンドンはアムステルダムを模倣し、そしてニューヨークがロンドンを模倣する。そこで起こった変化とは、いつでも、資本主義固有の、あるいは、その秘められた本質に何ら関わらない、単なる経済的な理由による世界経済の重心の移動というだけのことである。十六世紀末の、地中海から北海への中心の移動は歴然たるものであったが、それは、新興地域の旧勢力に対する勝利を意味するだけである。それはまた、資本主義のスケールの変化でもあった。大西洋沿岸の新たな隆盛に伴って、経済一般が活況を呈し、交換と、貨幣供給量の増大が見られた。ここでもまた、まさしくアムステルダムを中心とした市場経済の急速な発展こそが、資本主義という建築物の拡張を支える基礎となっていたのである。つまるところ、マックス・ウェーバーの誤りとは、そもそも資本主義の役割を、近代世界の推進力として過大評価してしまったことに根本的に起因するように思われる。

だが、そこに本質的な問題があるわけではない。資本主義の真の運命は、実のところ、社会的階層との対峙によって決定されてきたのである。

進化した社会にはつねに、複数の階層がある。ヴェルナー・ゾンバルトの言う、底辺人 Grundvolk、つまり、底辺の大衆が細々と暮らす一階から上に上がる複数の階段と言ってもいいかもしれない。宗教的階層、政治的階層、軍隊の階層、種々の経済的階層などである。時代によって、場所によって、それらは互いに対立し合うことも、妥協することも、協調することもあったし、時には、渾然となってしまうことさえあった。十三世紀のローマでは、政治の階層と宗教の階層が融合していたが、都市の周りには、土地と牧畜によって形成された大領主の階級がそれらを脅かす存在になっていたし、一方、ローマ教皇庁――シエナ[*32]――の銀行家はすでに高い地位に上っていた。フィレンツェでは、十四世紀末には、古い封建貴族と新興の商業ブルジョアジーが一体化して、富裕なエリート層を構成し、当然のことながら、政治権力を握ろうとしていた。反対に、他の社会的コンテクストの中では、政治の階層が、他の階層を破壊してしまうこともあった。中国の明、元の時代がそうだった。それほどはっきりしたものでも一貫したものでもなかったが、アンシャン・レジーム期のフランス王制も同様だった。そこでは、商人はどんなに裕福であろうとも、特権のない役割に甘んじなくてはならず、貴族階層だけが第一線に押し上げられていた。ルイ十三世[*33]下のフランスでは、権力への道は、王や宮廷に近づくことしかなかった。リュソン[*34]のしがない司教職だったリシュリュー[*35]の立身出世の第一歩は、皇太后マリー・ド・メディシス[*36]の宮廷司祭となることであり、そうして宮廷への参上を許され、ごく少数の支配階級の一員となることだった。

社会の数だけ、個人の野望達成にはいくつもの道がある。そしていくつもの成功のタイプがある。西欧では、一人の個人が成功する例は稀ではないとはいえ、歴史は同じ教訓を何度も繰り返し示している。つまり、個人の成功はほとんどつねに、一族の財産と影響力を少しずつ大きくしていこうと必死に努力し、注意を怠らない家族のおかげであるということ。野心は忍耐を必要とし、それは言わば、長期持続の野心である。だが、だからといって、「長期持続」の家族、即ち、家系の栄光と功績を称えねばならないのだろうか？　そうすることは、西欧においては、われわれが大ざっぱに、遅まきながら認められた言葉で、ブルジョアジーの歴史と呼ぶもの、資本主義の過程を支える者としての、資本主義の脊柱となる強固な階層の創造者としての、あるいは、利用者としてのブルジョアジーの歴史なるものを主役の座に据えることを意味する。資本主義は、結局のところ、その財力と権力の基礎を固めるために、商取引、高利、遠隔地交易、行政上の「役職」、それに、土地（それは確実な価値である上に、われわれが考える以上に、社会そのものに対して明白な威信をもたらす）といったものを次々と、あるいは、同時に食いものにしてきたのである。長く続く家系がゆっくりと富と名誉を築いてゆくさまに注目すれば、ヨーロッパにおける、封建体制から資本主義体制への推移が大体は見て取れるはずである。封建体制は、土地という基本的な富の分配の持続的な形態であり、制度として安定した秩序を保っていた。その恩恵に浴していたのは領主の家系であった。「ブルジョアジー」は、何世紀ものあいだ、こうした特権階級に寄生し、彼らのそばに、彼らによりかかり、彼らの過ち、贅沢三昧、怠惰、無能さにつけ込んで、高利貸しなどによって、彼らの財産を奪い取り、ついには、彼らの列に潜り込み、紛れ込んでゆくことになる。しかし、そこであぶれたブルジョアは再度攻撃を仕掛け、同じ戦いを再開する。要するに、長期持続の寄生である。ブルジョアジーは、寄生するために、支配階級をなかなか打倒しつくそうとはしなかった。彼らの地位の向上はゆっくりとしたもので忍耐強いものだった。野望の成就は、子から孫の代へと果てしなく持ち越されてゆく。そして、それが繰り返されるのだ。

封建社会から生まれ、それ自身まだ半ば封建的な、このタイプの社会は、財産と社会的特権が比較的保護された社会であり、財産が神聖不可侵であったか、そう望まれていたかであったがゆえに、財産をもった一族は比較的平穏に過ごすことができた社会であり、そして、各人が分相応の地位に留まっていた社会であった。資本が蓄積され、家系が形成され維持され、そして、貨幣経済に助けられて、ついに資本主義が出現するためには、こうした社会的な平穏が、少なくとも比較的静かな環境が必要なのである。資本主義はその生成過程において、上層社会の砦の一部を破壊する。だが、それも、自らの利益に見合った別の、以前と同様に堅牢で耐久性のある砦を再構築するために他ならない。

こうした長きにわたる世襲財産の形成がやがて華々しく咲き誇る光景は、過去においても現代においても、われわれにとってはあまりに見慣れたものであるために、それが実際には、西欧社会の基本的特性であることになかなか気づかない。西欧から離れ、ヨーロッパの外の社会、そのまったく違った光景を見て、はじめてそのことがわかるというわけである。こうした社会においては、われわれが資本主義と呼ぶもの、あるいは、そう呼ばせてもらいたいものは、どこでも、乗り越えがたい、乗り越えるのが容易でない社会的障壁にぶつかっている。これらの障壁は、しかし、かえって一般的な解明の手がかりを与えてくれるのである。

この点で、日本の社会は例外で、ヨーロッパとほぼ同じプロセスをたどっている。封建社会の崩壊はごくゆっくりと進行し、資本主義社会がそこから出現する。日本は、商人の家系がもっとも長く続いた国であり、十七世紀に誕生した一族が今日なお繁栄しているという例もある。そうではあれ、比較史的研究によれば、ほとんど自力で、封建社会から貨幣秩序へ移行していった社会の例は、西欧社会と日本の社会をおいて他にない。ほかのところでは、国家、階級的特権者、そして、経済的特権者のそれぞれが占める位置はまったく異なっていたし、だとすれば、こうした差異から何らかの教訓が引き出せるはずである。

中国とイスラム世界を見てみよう。不完全な統計資料からではあれ、中国では、垂直な社会的移動性がヨーロッパより大きかったことがうかがえる。中国の特権階級の数が多かったからではなく、中国の社会がヨーロッパより安定性を欠いていたからである。戸口は開かれ、階層は開かれていた。科挙[*37]という官吏登用試験である。こうした試験がつねにまったく公正に行われていたわけではないにしろ、原則的には、すべての社会階層に開かれていたわけで、いずれにしても、十九世紀のヨーロッパの名門大学よりははるかに広く開かれていたのである。科挙という高級官吏への登竜門は、言わば、社会というゲームのカードの配り直しであり、恒常的な「ニューディール」[*38]であった。とはいえ、そうやって頂点に達したとしても、それはかりそめの位、要するに、精々、終身の位にすぎなかった。それゆえ、そこで財産を築いたとしても、ヨーロッパで名門と呼ばれるような家族の礎となるには遠く及ばないものでしかなかった。他方、裕福すぎる家族、力をもちすぎる家族は、政策上からも、国家からにらまれていた。というのも、土地所有の権利を持ち、農民からの徴税の権限を持つのはひとり国家のみであり、鉱業、産業、商業を厳しく監視するのも国家の役目だったからである。一部には、商人と官吏との腐敗した関係はあったものの、中国の国家は、資本主義の拡大につねに敵意を示し、資本主義が情勢に乗じて拡大傾向を見せるたびに、ある種の全体主義国家（今日使われているような悪い意味のそれではなく）によって、最後には封じ込まれてしまうのだった。真の意味での中国の資本主義は、中国の外にしかない――例えば、マレー諸島などで、中国人の商人たちは何の制約もなしに商売し、君臨している。

広大なイスラム諸国においても、とりわけ十八世紀以前は、土地所有は一時的なものでしかなかった。ここでも、土地所有は君主だけの権利だったからである。アンシャン・レジーム期のヨーロッパの歴史学上の用語で言えば、知行地（つまり、終身の地位に属する財産）はあっても、一族の封土はなかったということになる。他の言葉で言えば、かつてのカロリング王朝[*39]がそうであったように、土地、村落、地代といった領主の権利は、国家から分配され、領主が死ねば、他の人の手に移っていったのである。君主にとって、これが、歩兵や騎兵に報酬を支払い、彼らの忠誠を確保するための手段であった。領主が死ねば、その領地所有権と全財産は、イスタンブールのサルタン[*40]や、デリーのムガル帝国皇帝の手に戻された。こうした大君主たちは、彼らの権力が続いているかぎりは、まるでシャツを着替えるかのように、支配階級、エリート集団の首をいとも簡単にすげ替えることができたわけで、実際に、その権利を行使した。社会の頂点は頻繁に入れ替わり、一族が長く居座れる可能性はなかった。十八世紀のカイロについての最近の研究によれば、一世代以上にわたって、大商人がその地位を維持できることはほとんどなかったという。政治の力に食い尽くされてしまうのだ。インドにおける商業活動のほうが安定していたとすれば、それは、不安定な社会の頂点の外側で、商人・銀行家のカーストという、言わば保護枠の中でだけ行われていたからである。

　というわけで、私が先に提出した単純明解な命題、資本主義の発展と繁栄にはいくつかの社会的条件が必要であるという命題は、より具体性を増したはずである。資本主義は社会秩序の一定の平穏さを、そして、国家の中立性ないし脆弱性ないし好意を必要とする。西欧においても、資本主義に対する国家の好意という点では、国によって差があった。フランスは、例えばイギリスに比べて、つねに資本主義に好意的な国ではなかったが、それも社会的な理由、および根深い歴史的な諸事情があってのことだった。

この点に関してはそれほど反論もないものと思われる。むしろ、そこに一つの新たな問題が生じる。資本主義は階層を必要とする。だが、階層とは一体何だろう？　すべてがそれぞれに、しかしどこでもほんの一握りの特権階級を頂点とした階層を持つ何千何百という社会を見慣れている歴史学者にとって、階層そのものとは一体何か？　過去に確かに存在した。十三世紀のヴェネチアにも、アンシャン・レジーム期のヨーロッパにも、ティエール[*41]のフランスにも、そして、民衆が「二百家族[*42]」の権力の追放をスローガンにした一九三六年のフランス[*43]にも存在した。日本にも、中国にも、トルコにも、インドにも存在した。そして、今日においてもなお、アメリカにさえ存在する。資本主義が階層を発明したわけではなく、資本主義は階層を利用しているだけであり、それは市場や消費が資本主義の発明ではないのと同じである。資本主義は、歴史の長いパースペクティヴから見れば、夜の来訪者にすぎない。それは準備万端整ってからやって来る。換言すれば、階層の問題自体は、資本主義を超えたところに存在し、資本主義をあらかじめ枠付けているのだ。非資本主義社会もまた、階層をなくしはしなかったではないか。

この本の中で提示しようとした長大な議論は結論を得るには程遠く、すべては開かれている。ここにこそ、もっとも重要な問題が、問題中の問題があるからだ。階層は、人間同士の従属関係は、打ち壊されねばならないのだろうか？　ジャン＝ポール・サルトル*44は一九六八年に「ウイ」と答えた。だが、そんなことは本当に可能なのだろうか？

# 第三章　世界時間

これまでの二つの章では、説明の必要上、言わば、パズルをばらばらにしたり、恣意的に寄せ集めてきたりした。パズルをきちんとした形に組み立て直さなければならない。それが、「世界時間」[*1]と名づけた、三つめの、そして最後の章の課題である。タイトルの通り、私の狙いは、資本主義を、その発展と活動様式を、世界史全体に結び付けて考えることにある。

歴史とは、形態と経験の年代順の継起のことである。世界の全体とは、十五世紀から十八世紀までの間に姿を現し、人間の生活全体に、世界中のすべての社会、経済、文明に、徐々にその影響力を及ぼしていったまとまりのことである。ところで、この世界は、不平等という相貌の下に現れる。一方に裕福な国があり、他方に低開発国があるという現在の相貌は、必要な変更を加えさえすれば、十五世紀と十八世紀の間にすでに出来上がっていたと言い得るのである。確かに、ジャック・クールの時代から、ジャン・ボダン、[*2] アダム・スミス、そしてケインズ[*3]の時代まで、裕福な国と貧しい国がつねに変わらず同じであったわけではなく、車輪は回転してきた。とはいえ、世界を支配する法則はほとんど変わりはしなかった。世界は、構造的に、特権に恵まれたものと、恵まれぬものに分かれ続けてきたのだ。普通の社会と同じように——ただサイズが大きくなっただけで、それとわかる——階層化された世界社会のようなものが存在する。小宇宙と大宇宙は結局、同じ素材からできているのだ。どうしてか？　それについて私は答えたいと思うのだが、うまくいくかどうかは心許無い。歴史学者にとっては、大きな問題に前にして、「何故」よりも「如何に」と問うことのほうが簡単で、起源よりも結果のほうが見て取りやすい。だからなおさら、歴史学者がこれらの起源の発見にいっそう夢中になるというのも当然である。それは、歴史学者をいつも煙に巻き、鼻で笑っているかのようだ。

## 1　世界＝経済《エコノミ・モンド》

もう一度ここで、語彙の説明をしておかねばならない。世界経済 économie mondiale と世界＝経済 économie-monde という二つの言葉を使い分ける必要があるからだ。後者のほうが前者よりも重要である。世界経済という言葉は、一つの全体としてみた世界の経済、シスモンディ*4の言葉を借りれば、「世界市場」のことを指す。世界＝経済というのは、ドイツ語の Weltwirtschaft から私が作った言葉で、経済的な全体（まとまり）を形成しているかぎりの、地球のある一部分だけの経済を意味する。十六世紀の地中海はそれ単独で、Weltwirtschaft、世界＝経済を、他のドイツ語で言い換えれば、ein Welt für sich 世界それ自体を形成していたことは、随分前に書いた。

世界＝経済は、三つの側面から記述することができる。

まず、それは、ある与えられた地理的な空間を占める。それは、それゆえ、それを際立たせる境界、そしてごくゆっくりとではあれ変化する境界を持つ。そこには、時折、長い間隔を置いて、断絶が不可避的に発生する。例えば、十五世紀末の大発見に続いて起こった断絶。あるいは、一六八九年に、ピョートル大帝[*5]によって、ロシアがヨーロッパ経済に開かれたときのようなそれ。今日でも、中国やソ連の経済がまったく完全に決定的に開放されたとしたなら、いま現にある西欧の境界に断絶が起こるであろうことは想像に難くない。

次に、世界=経済はつねに、かつての都市国家、現在の首都（経済的な意味でのそれ、つまり、アメリカではワシントンではなく、ニューヨークを指す）のような支配的な一都市に代表される一つの中心を持つ。あるいは、同じ一つの世界=経済の中に二つの中心が、一定期間、同時に存在することもあり得る。アウグストゥス[*6]やアントニウス[*7]やクレオパトラ[*8]の時代のローマとアレキサンドリア、[*9]キオッジャ戦争[*10]（一三七八―一三八一）の時代のヴェネチアとジェノヴァ、オランダが最終的に淘汰される以前の、十八世紀のロンドンとアムステルダムのように。いつでも、二つのうちのどちらかが最後には淘汰されてしまうのである。一九二九年、若干の紆余曲折の後に、世界の中心は、ロンドンからニューヨークへと決定的に移行した。

最後に、世界＝経済は、いくつかの連続した地帯に分かれる。まず中心地帯、つまり、中心の周りに広がる領域がある。十七世紀にアムステルダムが世界を支配していたときのオランダ連合州（その全部ではないが）や、一七八〇年以降、ロンドンが決定的にアムステルダムにとって代わってからのイングランド（その全部ではないが）などである。次に、中心軸の周りに中間地帯がくる。最後に、非常に広大な周辺地帯――世界＝経済を特徴づける労働の分割によって、利益を被るよりは、むしろ支配され従属を余儀なくされた周辺地帯――が存在する。こうした周辺地帯での人間の生活は、まさに煉獄、いや、生き地獄とさえ言い得るようなものだった。それもただまったくもって、地理的な位置の為せる技に他ならなかったのだ。

以上のような急ぎ足の言及には、当然、注釈と論証が必要である。『物質文明・経済・資本主義』の第三巻で、私はその責を果たしたつもりだが、さらに、イマニュエル・ウォーラースティン*11の『近代世界システム』（一九七四）にも、この問題についての優れた記述があるので参照して欲しい。いくつかの点で、さらに一般的見解で若干の相違があるにしても、そんなことは大して重要ではない。基本的に、われわれ二人の観点は一致しているのだが、強いて違いを挙げるとすれば、イマニュエル・ウォーラーステインが、十六世紀以降に形成されたヨーロッパの世界＝経済以外に、世界＝経済は存在しないと見做しているのに対して、私は、ヨーロッパ人にその全体的な姿で知られる以前に、中世、いや、古代からすでに、世界は、多少なりとも集中化され、多少なりともまとまりをもった経済地帯、すなわち、共存する複数の世界＝経済に分割されていた、と考えている。

こうした共存する経済は、互いに人口の集中した地球空間を分割していたが、相互の間の交換はごく限られたものでしかなかった。というのも、それぞれの経済は広大な辺境地域に遮られ、いくつかの例外を除いて、普通、境界を越えることにほとんど何の利点もなかったからである。ピョートル大帝の時代まで、ロシアはそれ自身、基本的に自立した、こうした世界＝経済の一つであった。広大なトルコ帝国もまた、十八世紀末まで、世界＝経済の一つであった。対照的に、カール五世やフェリペ二世[*12]の神聖ローマ帝国は、その広大さにもかかわらず、世界＝経済の一つとは見做されない。それは最初から、ヨーロッパを基盤にした古く活発な経済の広範なネットワークに含み込まれていた。一四九二年以前、つまり、クリストファー・コロンブス[*13]の旅行以前から、ヨーロッパおよび地中海は、極東に向けたアンテナを持ち、栄光のヴェネチアを中心とした世界＝経済を形成していたからである。この世界＝経済は、大発見の時代とともに拡大し、大西洋を、その島々と沿岸地域を我が物とし、次に、徐々にアメリカ大陸の内陸部に触手を伸ばしてゆく。それはまた、インド、マレー諸島、そして中国といった、なお自立的であった他の世界＝経済との結び付きをも強めていった。同時に、ヨーロッパ自体の中では、その重心が、南から北へ、アンヴェルスへ、さらにはアムステルダムへと移動してゆく。それがセヴィリアやリスボンといったスペイン、ポルトガル帝国の中心地でなかったことを強調しておきたい。

こうして、世界史地図の上にトレーシング・ペーパーを重ね、時代毎に、世界＝経済のあった場所に鉛筆で大まかに線を引くことができるはずである。これらの経済の変化は緩慢なものであったがゆえに、われわれはそれらについてじっくり研究し、それらの活動を観察し、それらの影響を計ることもできるのだ。それらの変形の緩慢さは、世界史の深層部分の存在を知らしめる。だが、この深層の歴史については、ここでは思い起こすだけにしておこう。というのも、われわれのここでの課題は、ヨーロッパの発展とともにヨーロッパを基盤にして相次いで形成された世界＝経済が、資本主義の運動と、その独自の発展を説明し得るのかどうかを示すことだけにあるのだから。結論を先取りして言ってしまえば、これらの典型的な世界＝経済こそ、ヨーロッパの、そして次いで世界の資本主義の母胎となるものに他ならなかったのである。いずれにしても、解明に向けて、慎重に、ゆっくりと歩を進めてゆこう。

## 2 世界＝経済の歴史——都市国家

深層の歴史。それをすっかり顕にすることはできないが、それに光を当てることだけならできる。リュシアン・フェーヴルはかつて言った。「それに尊厳を与えよう」と。それはかなりの程度できたのではあるまいか。さらに、世界＝経済の中心に起こる変化——脱中心化 décentrages[*14]——について、そして、それぞれの世界＝経済内での同心円的諸地帯（中心地帯、中間地帯、周辺地帯）への分割について話を進めれば、よりよく納得してもらえるはずである。

脱中心化が生じるたびに、必ず再中心化 recentrage[*15] が起こる。あたかも、世界＝経済は中心ないし重心なしには存在し得ないかのように。とはいえ、脱中心化も再中心化も稀にしかなく、それだけよけいに重要さを増すのである。ヨーロッパと、それに併合される地域の場合、中心化は、一三八〇年代に起こり、ヴェネチアを優位に立たせた。一五〇〇年代に、ヴェネチアからアンヴェルスへ、急激で大規模な跳躍があって、次いで一五九〇―一六一〇年頃には、再度、地中海に、しかし今度はジェノヴァに移動する。そして、一五五〇―一五六〇年頃に、アムステルダムに移り、以降ほとんど二世紀間にわたって、ヨーロッパ地域の経済の中心はこの地に居座ることになる。だが、やがて一七八〇年から一八一五年にかけて、ロンドンに移り、さらに一九二九年には、大西洋を渡って、ニューヨークに居を据えたのである。

ヨーロッパ世界の時間において、結局、運命の鐘は五度鳴り渡り、その度に、対立と闘争と深刻な経済危機の中で、中心が移動していったのだった。すでにその地位を脅かされていた古い中心が最終的に息の根を止められ、新たな中心の出現が明らかになるのは、大抵の場合、経済的な状況がおもわしくないときである。もちろん、これらすべてのことに数学的規則性があるわけではない。ただ、長引く危機が一つの試練となって、強いものは生き残り、弱いものは滅んでいったのだ。それゆえ、経済危機のたびに、中心が崩壊していったわけではない。それどころか、十七世紀の危機は、多くの場合、アムステルダムに有利に働いたのだった。今日、世界は、ここ数年来、長期的で深刻な危機に見舞われている。もし、ニューヨークがこの試練に耐えられないようなことがあれば――私はまったくそうは思わないが――、世界は新たな中心を見つけるか、作り出すかしなければならないであろう。大方の予想通りに、この試練に耐え抜くことができたなら、アメリカは前にも増して強大なものになるに違いない。というのも、他の経済は、現在のひどい経済状況（la conjoncture）による打撃を、アメリカ以上に被る危険性が大きいからである。

いずれにしても、中心化、脱中心化、そして再中心化は、普通、長期にわたる全般的な経済危機と関係しているように思われる。それゆえ、世界史を転覆させる複雑なメカニズムを解明しようと思うなら、まずはこうした経済危機にこそ、研究の焦点を据えねばならないはずである。煩わしい注釈は止めて、一つの例を少し詳しく検討してみよう。度重なる不幸な出来事と政治的事件の後、そして、アンヴェルスにあった世界の中心がぐらつき始めたことを契機に、全地中海が、十六世紀後半、反撃に転じた。アメリカの鉱山から大量に入ってくる銀は、それまでは、大西洋を渡って、優先的にスペインからフランドルへ回されていたのだが、一五六八年以降、地中海航路を取るようになって、ジェノヴァが回送センターになったのだった。こうして、地中海は、言わば、経済的ルネッサンスを迎え、ジブラルタル海峡からレヴァント海（地中海東部）まで、活況を呈することになる。しかし、当時呼ばれた「ジェノヴァの世紀」は長くは続かなかった。状況は悪化し、半世紀近くにわたってヨーロッパの商取引の決済センターとして機能していたジェノヴァのピアツェンツァの大市も、一六二一年にはすでにその主要な役割を失っていた。大発見以後の時代状況の中では当然ではあれ、地中海は再び二次的な空間に戻り、以降長きにわたってその位置に留まることになるのである。

この、クリストファー・コロンブスから一世紀後の、それゆえ、長期にわたる驚くべき休息期間の後の、地中海の衰退は、私が昔出版した、地中海空間についての長大な著作で提起した中心的な問題である。この退潮の日付は？　一六一〇年、一六二〇年、それとも、一六五〇年なのか？　そして、どのプロセスが問題だったのか？　この第二の、より重要な問題については、リチャード・T・ラップの論文（『経済史ジャーナル』、一九七五）が見事な（そして私が思うには、正確な）解答を与えている。この論文は、ここ十年間に私が読んだものの中でもっとも優れた論文の一つであったと断言できる。そこで明らかになったのは、一五七〇年代以降、地中海世界が、北ヨーロッパの船と商人に執拗に悩まされ、荒らされ、強奪されてきたということ、そして、北ヨーロッパの商人たちの最初の財産は、インド会社や大航海によってもたらされたものではないということである。彼らは、地中海周辺にあった富に殺到し、硬軟あわせたあらゆる手段を駆使して、それを奪い取っていった。例えば、南部の上質の織物を故意にコピーした粗悪品に、世界的に知られたヴェネチアの商標を付けて、この「ラベル」でヴェネチアの通常の市で売りさばくといった形で、地中海に安物の製品をあふれさせていった。その結果、地中海の産業は、顧客と評判を一度に落とすことになってしまうのである。もし、二十年、三十年、いや四十年間にわたって、新参の国々が、自分たちの製品に「メイド・イン・アメリカ」のレッテルを張って売出し、外国市場のみならず、アメリカの国内市場まで食いものにしていったとしたら、どういう結末になるかは想像に難くない。

要するに、北ヨーロッパの勝利は、彼らの商才のおかげでも、産業の自由競争のおかげでもなく（もっとも、北ヨーロッパの低賃金は確かに有利に働いたに違いないが）、ましてや、宗教改革に味方したおかげでもなかったのである。暴力を使ってでも、とにかく過去の勝利者の地位を奪い取るということだけが、彼らの方針だったのだ。こうしたゲームの規則はいまなお通用していることを付け加える必要があるだろうか？第一次世界大戦による世界の暴力的分割は、レーニンが思っていたほど目新しいことではない。そして、それはなお、現代世界の現実ではあるまいか？　中心に位置するか、中心に近いところに位置するものが、他に対して君臨するのである。

ここから第二の問題が生じる。世界＝経済の同心円的な広がりの中では、どこでも、勝利した中心から離れるにしたがって、恵まれない境遇になってゆくという問題である。

華やかさ、富、人生の幸せは、世界＝経済の中心、その心臓部に集まる。歴史の太陽が一番色鮮やかに照らし出すのもそこ、高価なもの、高賃金、銀行、贅沢品、高収益産業、資本主義的農業が現れるのもそこ、遠隔地交易の起点となり終点となり、貴金属や強い通貨や信用状が大量に流れ込んでくるのもそこ、世界＝経済の中心である。

あらゆる現代的な経済がそこに、どこよりも早く定着する。十五世紀のヴェネチアを、十七世紀のアムステルダムを、十八世紀のロンドンを、そして、現代のニューヨークを訪れた旅行者なら誰でもそれに目を見張ったはずだ。そこではまた、最先端技術が、そしてそれに伴った基礎科学も見られる。そこには、「自由」が、まったく神話というわけでも、まったく現実というわけでもない「自由」がある。想像してみようではないか、ヴェネチアでの自由な生活を、オランダでの自由を、イギリスでの自由を！

だが、中間地帯の国々、中心に隣接し、競合し、ライバルとなる国々に行けば、こうした生活水準のトーンは下がってゆく。そこには、自由農民も、自由民も、その姿を見かけることはほとんどなく、交換も完全なものではないし、銀行、金融機関も、多くは外からもたらされた、不備なものでしかなく、産業もまた、どちらかと言えば、伝統的なものが多かった。十八世紀のフランスがいかに美しく見えようとも、その生活水準は、イギリスに比べ得るものではなかった。ジョン・ブル[*16]は、肉を食べ、でっぷりと太り、靴を履いていたが、同じ時代のフランス人、ジャック・ボノム[*17]は、パンを食べ、虚弱で痩せ細り、年よりも老けて、木靴で歩いていた。

しかし、周辺地帯に足を踏み込めば、それはフランスどころの比ではなかったの

貧乏なフランス人（左）、豊かなイギリス人（右）を比較した戯画

だ！

一六五〇年代の世界を例にとってみよう。世界の中心は、小国オランダ、より正確に言えば、アムステルダムにあった。中間地帯ないし第二地帯は、非常に活発だったヨーロッパの残りの地域、つまり、バルト海沿岸諸国、北海沿岸諸国、イングランド、ドイツのライン川とエルベ川の周辺地域、フランス、ポルトガル、スペイン、そしてローマ以北のイタリアからなる地帯であった。周辺地域は、北は、スコットランド、アイルランド、スカンディナヴィア、東は、ハンブルクとヴェネチアを結んだ線から東のヨーロッパ全域、南は、ローマ以南のイタリア（ナポリ、シシリー島）、そして、大西洋の向こう岸に、周辺中の周辺たる、ヨーロッパ人の入植したアメリカ大陸があった。カナダと、当初のイングランドの植民地を除けば、新世界はどこも、奴隷制の社会だった。同じように、中央ヨーロッパの周辺地域は、ポーランドからその先まで、第二次農奴制、*18 つまり、西ヨーロッパ同様に一旦ほとんど消滅した後に、十六世紀になって再び姿を現した農奴制の下にある地帯だった。

要するに、一六五〇年代のヨーロッパの世界＝経済とは、上は、オランダの社会のように、すでに資本主義的であった社会から、一番下の段階には、農奴制社会、奴隷制社会までが揃った、社会の併存、共存に他ならなかったのだ。この同時性、この共時性に、すべての問題がかかっている。実際、資本主義は、こうした規則的な段階性を糧として成長するのであり、外側の地帯が、中間地帯を、とりわけ中心地帯を養うのである。建物全体の頂点、資本主義という上部構造以外に、中心があり得ようか？中心が食料の供給を周辺に依存し、周辺は、中心に支配されながら、中心の需要に依存するという、相互性の光景が見える。結局のところ、西ヨーロッパは、古代奴隷制を新世界に、あたかも再発明であるかのように移植し、その経済的要請に従って、東ヨーロッパに第二次農奴制を「導入」したのである。イマニュエル・ウォーラーステインは、こう言明している。資本主義は世界の不平等性の産物であり、国際経済の黙認なしには発展し得ないものである、と。それは、並みはずれた広大な空間の強権的組織化から生じたものに他ならず、限定された経済空間の中では、これほど強大に成長しはしなかっただろうし、おそらく、他者の奴隷的労働がなかったなら、まったく成長し得なかったに違いない、と。

　こうした捉え方は、これまでの、奴隷制、農奴制、資本主義が歴史的に順番に出現してきたという理解[*19]とはまったく異なったものである。同時性、共時性の強調はとりわけ画期的であり、特に重要な意味を持つ。そうではあれ、それですべてが説明されるものでもないし、すべてが説明され得るわけでもない。何よりもまず、近代資本主義の起源として、私がもっとも基本的と考えている点について、それは説明し得ない。私が言いたいのは、ヨーロッパの世界＝経済の境界の彼方で起こったことについてである。

実際、十八世紀末、つまり、その名に値する世界的な経済が出現するまで、アジアにはいくつかの、しっかりと組織化された効率的な世界＝経済が存在していた。中国と日本、インド・マレー諸島ブロック、イスラム世界のことである。決まり文句のように言われ、実際、正しくもあるのだが、これらの世界＝経済と、ヨーロッパのそれらとの間の関係は表層的なものにすぎず、わずかな贅沢品――特に、胡椒、香辛料、絹――を現金と交換するだけのものであり、全体としての経済から見ればほとんど取るに足らないものでしかなかった。それは確かに事実に違いなかったとは言え、こうしたごく限られた、いわゆる表層的な交換は、ヨーロッパにおいてもアジアにおいても、富裕な資本家に独占されていたのもまた事実であり、そのことは偶然ではないし、偶然ではあり得ない。どの世界＝経済も外部的要因に左右されることが決して少なくないと、私は考えている。ヨーロッパの大きな歴史的事件が繰り返し、そのことを示唆している。一四九八年のヴァスコ・ダ・ガマ[*20]のカリカット到達、一五九五年の、オランダ人、コルネリウス・ハウトマン[*21]による、ジャワ島の大都市、バンタムへの到達、ベンガルがイングランド領となるきっかけとなった、一七五七年のプラッシーでのロバート・クライヴ[*22]の勝利などの事件を重要視することは決して間違いではないのだ。運命は鬼の長靴[*23]を履いて、あっと言う間に駆け巡る。

## 3　世界＝経済の歴史――国民市場

ヨーロッパにおける世界＝経済の推移については、代わる代わるに世界＝経済を生み出し活気づかせてきた「中心」をテーマにして、すでに述べた。そこで一つ指摘しておかねばならないのは、一七五〇年代に至るまで、こうした支配的な中心はいつも、都市であり、都市国家であったということである。アムステルダム、十八世紀半ばまで経済の世界を支配していたアムステルダムは、最後の都市国家であり、歴史上最後のポリスであったと言っていいだろう。その背後にあったオランダ連合州は、体制の陰のようなものでしかなく、一人アムステルダムが君臨し、世界全体から、西はカリブ海、東は日本に至る世界から見える灯台になっていたのである。だが、啓蒙の世紀の半ばから、新しい時代が幕を開ける。新たな支配者、ロンドンは、都市国家ではなく、イギリス諸島の首都であり、その資格において、強大な国民市場の力を付与されたのであった。

それゆえ、二つの時代を分けることができる。都市が生まれ、都市が支配的であった時代、そして、「国民」が誕生し、支配的となる時代。これらのことを手短に見てゆこう。手短にというのは、これらのことはすでによく知られているから、あるいは、すでに述べたからというだけではなく、これらの周知の事実は、全体として捉えられて初めて重要な意味——というのも、この全体との関わりにおいてこそ資本主義の問題が提起され、それが新たな光によって照らし出されるからである——を持つという理由からでもある。

一七五〇年まで、ヨーロッパは、ヴェネチア、アンヴェルス、ジェノヴァ、アムステルダムといった主要な都市、それぞれの役割を通してスーパースターとなった都市の周りを回転してきた。しかし、これらの都市はどれも、十三世紀にはまだ、経済活動を支配してはいなかった。ヨーロッパがまだ、構造化され組織化された世界＝経済になっていなかったからではない。地中海は、一時、イスラム勢力によって征服されたことはあったものの、すでに再び、キリスト教世界に開かれていたし、レヴァント貿易[*24]によって、西ヨーロッパは、遠方へのしっかりとしたアンテナを得、そのことによって、その名に値する世界＝経済たりえていた。二つの先進地域が際立っていた。南のイタリアと北のオランダである。そして、全体の重心は、この両地域のちょうど中程、シャンパーニュ[*25]とブリ[*26]の大市にあった。この二つの大市は、すでにかなりな都市であったトロワ[*27]と、三つの小都市、プロヴァン[*28]、バール・シュール・オーブ[*29]、ラニィー[*30]に付け足された人工的な都市であった。重心が真空地帯におかれていたと言ったら、言い過ぎであろう。実際、そこは、パリ——当時、ルイ九世[*31]治下の最盛期にあって一大商業センターであり、その大学によってこの上ない名声を博していた——からさほど離れてはいないのだから。ユマニスム期の歴史学者、ジュゼッペ・トファナン[*32]が、その著に『ローマなしの世紀 Il Secolo senza Roma』という象徴的なタイトルを付けたのは間違ってはいなかった。ローマなしの世紀、つまり、十三世紀とは、ローマが文化の王座をパリに譲り渡した時代に他ならない。しかし、当時のパリの繁栄が、国際的な商人たちが集まり、つねに賑やかに活況を呈していたシャンパーニュの大市と関係のあったことは明らかである。そこでは、北のほうから来る毛織物や布など――マルヌ川[*33]沿岸からゾイデル湾[*34]にかけての地域に、羊毛、麻、亜麻を生産する家内工場が星雲のように広がっていたことから、広い意味ではオランダ産と言うこともできる――が、イタリア商人、金貸しの持ってくる胡椒や香辛料、あるいは、通貨と交換されていた。こうした贅沢品に限られた交換ではあれ、商業、産業、交通、そして信用といった巨大な装置を動かし、これらの大市を、当時のヨーロッパの経済センターにするには十分であった。

十三世紀末にはじまるシャンパーニュの大市の衰退には、いくつかの理由が考えられる。一二九七年に地中海とブリュージュとの間を直接結ぶ定期的な海上航路が確立され、海上輸送が陸上輸送を制したこと。シンプロン峠[*35]とサン・ゴタール峠[*36]を越えてドイツ諸都市を経由して南北を貫く陸路が活用されるようになったこと。そして、イタリアの諸都市が産業化され、それまでは、北からくる毛織物の染色だけに甘んじていた地域が、以降、自分たち自身で生産しはじめ、フィレンツェ羊毛組合 Arte della lana が活躍を開始したこと。だが、とりわけ、深刻な経済危機と、それに引き続く黒死病の悲劇が、十四世紀におけるお定まりの役割を演じたことが決定的であった。シャンパーニュの交易の、もっとも強力なパートナーだったイタリアは、その試練に打ち勝って勝利者となる。イタリアは、ヨーロッパの経済活動の最大の拠点となる、いや、返り咲くのである。南北間のあらゆる交易は、イタリアの管理下に入り、そればかりか、ペルシャ湾、紅海、レヴァントの隊商を経由してイタリアに入ってくる極東の商品は、ヨーロッパのすべての市場をして、イタリアとの連繋を不可避のものとさせることになった。

イタリアの優越とは言っても、実際には、ヴェネチア、ミラノ、フィレンツェ、ジェノヴァという四つの有力な都市に分割されていた。一三八一年にジェノヴァが敗北[*37]して、長きにわたる、しかしつねに平穏であったわけではない、ヴェネチアの時代が始まる。それは一世紀以上に及び、ヴェネチアは、レヴァントの市場を支配し、極東の珍しい産物の、全ヨーロッパへの一大回送センターとなり、ヨーロッパ中から商人が押し寄せた。だが、十六世紀になると、このサン・マルコの町（ヴェネチア）

は、アンヴェルスにその地位を奪われることになる。アンヴェルスは、大西洋経由でポルトガルに大量に入ってくる胡椒の倉庫となり、その結果、エスコー[*38]の港が、大西洋と北ヨーロッパの交易を支配する巨大なセンターとなった。しかし、やがて、スペイン・オランダ戦争にも関係する――要約しがたい――複雑な政治的事件が重なって、その地位は、ジェノヴァに移ってゆく。サン・ジョルジュの町（ジェノヴァ）の富は、レヴァントとの交易からではなく、新世界およびセヴィリアとの交易、そして、アメリカの鉱山から大量に産出される銀によってもたらされ、ジェノヴァは、ヨーロッパへの銀の回送センターとなる。そして最後に、アムステルダムが、それまでの争いに終止符を打つ。その一世紀半という長きにわたる覇権は、バルト海からレヴァント、モルッカ諸島[*39]にまで及んだ。その力は、一方で、北ヨーロッパの商品を、もう一方で、極東の産地すべてを次々と掌握して、「高級香辛料」、シナモン、丁子といった商品を独占的に管理することによってもたらされたものだった。こうした準独占的支配によって、アムステルダムは、思いのままに、世界を股にかけることができたのである。

こうした都市帝国についてはこれくらいにして、国民市場と国民経済という大きな問題に移ってゆこう。

国民経済とは、物質生活の必然性と改革に促されて、国家によって統合され、一つのまとまった経済空間とされた政治空間のことであり、そこでの活動は全体として同じ一つの方向に向かうことになる。イギリスだけが早くからこうした道を進んでいた。イギリスと言えば、革命——農業、政治、金融、産業革命——のことが思い浮かぶ。このリストに、名前はどうあれ、国民市場を生み出した革命を加えねばならない。オットー・ヒンツェ*40は、ゾンバルトを批判して、この転換の重要性を強調した。それは、狭い領土内に、河川、運河による細かな輸送網と、馬車、荷駄の陸上輸送に、さらに沿岸輸送が加わるといったように、比較的多くの輸送手段が発達したことのおかげであった。早くから国内の通行税と関税を廃止していたこともあって、イギリスの各地方は、ロンドンを介して、生産物を交換し、輸出していた。こうして、イングランドは、一七〇七年にスコットランド、一八〇一年にアイルランドとの連合に至るのである。

この革命に関してなら、すでにオランダ連合州があるではないかと思われるかもしれない。しかし、その領土はあまりに小さく、その住民を養うことさえできなかったのだ。その国内市場は、完全に外国市場に向いたオランダの資本家にとってはほとんど取るに足りないものでしかなかった。フランスに関しては、そこにはあまりに多くの障害があった。経済の遅れ、広大すぎる領土、一人当りの収入の低さ、領土内の交通の不備、そして、不完全な中心。当時の交通手段に比して、フランスはあまりに広すぎ、ばらつきがありすぎ、整備が遅れすぎていた。エドワール・フォックスは、物議をかもした本の中で、少なくとも二つのフランスがあったことをあっさりと言ってのけている。一つは、沿岸地帯のフランスであり、活発で柔軟性に富み、十八世紀の経済発展の恩恵に浴し、しかし、背後の地域との交渉はほとんどなく、目は専ら海外の世界に向けられていた。もう一つは、大陸のフランスであり、土着的で、保守的で、地域性を出ることはなく、国際資本主義の経済的伸長にまったく関わりを持たなかった。そうでありながら、この後者のフランスが、つねに政治権力を握り続けてきたのである。内陸部に位置するパリは、国の政治の中心ではあれ、決して、フランスの経済の首都ではなかった。その役割は、一四六一年に大市が創設されて以来、リヨンがつねに担い続けてきたのである。十六世紀の末に、パリへの移動のきざしが見えたことがあったものの、実現するにはいたらなかった。一七〇九年のサミュエル・ベルナールの[41]「破産」によってはじめて、パリは、フランス市場の経済の中心となり、一七二四年のパリの取引所 Bourse de Paris の再編によって、その役割を全うしはじめるのである。しかし、すでに遅きにいっし、ルイ十六世時代の活況はあったものの、フランス全土を活気づかせ、支配するにはいたらなかった。

イギリスの経緯はより単純だった。イギリスには一つの中心、十五世紀になって速やかに経済と政治の中心となったロンドンしか存在しなかった。ロンドンは、同時に、イギリス市場を、ロンドンの便宜に、それゆえ、その地の大商人の便宜に合わせる形で作り上げていった。

他方、島国であったおかげで、イギリスは独立性を保ち、外国資本主義の干渉から免れることができた。一五五八年のトーマス・グレシャム[42]によるロンドン取引所の開設は、アンヴェルスにとって青天の霹靂であったし、一五九七年のスタールホップ[43]の閉鎖によるそれまでの「客」への特権の廃止は、ハンザ同盟[44]の諸都市に、有無を言わせぬものだった。一六五一年の最初の航海条令[45]は、アムステルダムを驚かせた。この時代、ヨーロッパの交易のほとんどはアムステルダムに牛耳られていたのだが、イギリスは、それに対抗し得る手段をもっていたのだ。というのは、オランダの帆船は、風向きの関係で、つねにイギリスの港への寄港を余儀なくされていたからである。オランダが、他の国に対しては絶対に認めなかった保護貿易主義的な措置を、イギリスに認めたのは、おそらくそのためであったに違いない。いずれにしても、イギリスはこうして、その国民市場を守り、そして、ヨーロッパの他のどの国にもまして、新興産業を育成することができたのである。イギリスのフランスに対する勝利は、遅々としたものだったが、かなり早い時期（私見では、一七一三年のユトレヒト条約[46]の時点）にはじまり、一七八六年（イーデン条約[47]）にはまぎれもないものとなり、そして、一八一五年に最終的な決着[48]を迎えたのだった。

ロンドンの出現は、ヨーロッパそして世界の歴史に新たな一ページを加えるものであった。イギリスの経済的な優位、政治的なリーダーシップにまで及ぶ優位は、何世紀も続いた一つの時代の終焉を、都市に方向づけられた経済の一時代、そして、世界＝経済の一時代の終焉を記すものに他ならなかったからである。ヨーロッパのエネルギーと貪欲さをもってしてももはや、その枠内から、残りの世界を支配することは不可能になっていたのだ。アムステルダムの犠牲の上に、イギリスが成し遂げたのは、単に過去の成功を反復するだけではなく、それを乗り越えることだった。

こうした世界征服は困難を極め、思わぬ出来事や悲劇的事件によって何度も中断されながらも、イギリスは優位を保ちつつ、障害を乗り越えていった。ヨーロッパ世界の経済は、他の経済を押し退け、世界史上はじめて、全世界を股にかけ、世界経済を支配し、それ自らが世界経済たらんとしたのである。立ちふさがっていた障害は、まずは、イギリス人によって、そしてやがて、ヨーロッパ人によって乗り越えられていった。この趨勢は一九一四年まで続く。アンドレ・ジークフリート[*49]――一八七五年生まれというから、二十五歳で二十世紀を迎えた――は、国境線がそびえたっていた世界を、身分証明書代わりに名刺一枚で一周した往時をなつかしげに思い出している。パックス・ブリタニカ（イギリスの覇権による平和）の奇跡、そのために多くの人々がその代償を払わねばならなかったことは言うまでもない……。

## 4　産業革命

産業革命は、この島国にとって、若返りの源泉であり、イギリスに新たな活力をもたらし、その優位を決定的なものにした。そのことについて語らねばならないのだが、この膨大な歴史的問題――それは実際、現代にまで達し、われわれを取り巻いている――に、ここで深入りするつもりはない。産業はつねにわれわれの周りにあって、つねに革命的で脅威的なものであり続けているのだ。この巨大な運動のほんの端緒に触れようと思うだけで、英米の歴史学者を皮切りに、世界中の歴史学者を巻き込んだ熱い論争には、深入りせぬように用心するつもりである。私の課題はごく限られたものでしかない。私はただ、イギリスの産業化が、これまで私が語ってきた図式なりモデルなりに、どの程度結び付くのか、そして、それが、すでに始まっていた波瀾万丈の資本主義の歴史総体の中にどう位置づけられるのかを示したいだけである。

例によって、革命という語がここではまったくふさわしくないことを、まず指摘しておかなければならない。革命とは、語源的に言えば、車輪や天体の回転運動を、そして、始まってすぐに終わる急激な運動を指す言葉であった。ところが、産業革命は、まさしくゆっくりとした運動であり、その当初にあってはほとんど見定めがたく、この革命の最初の兆候の真っ只中にあったはずのアダム・スミスでさえ、そのことに気づきもしなかった。

こうした革命が非常にゆっくりとしたものであり、それゆえ、困難で複雑なものであることを、現代の経験は示してはいないだろうか？　われわれの目の前でいま、第三世界のいくつかの国々が産業化されつつあるが、それぞれに多くの困難を抱え、度重なる失敗に立ち往生し、一見したところ、異常と思われるほど遅い足取りでしか進んでいない。農業部門が近代化についていけなかったり、熟練労働力が不足していたり、あるいは、国内市場の需要が十分でなかったりといったケース。また、その国の資本家が、自国への投資を避け、より安全で利益の大きい外国への投資に走ったり、国家が浪費したり不正を働いたり、あるいは、輸入された技術がうまく適応しなかったり、高価すぎて、それが原価に跳ね返ったり、あるいは、必需品の輸入が大幅に輸出を超過したりといったケース。それに、何らかの理由で、国際市場が反発したり、この反発によって決定的な打撃を受けるといったこともあった。もはや革命は何ら新しいものではなく、モデルは世界中にいくつもある今日においてもなお、こうした困難がつきまとうのだ。見たところ、万事はうまくゆかねばならないはずなのに、何事も簡単にはゆかないのである。

こうした国々の状況は、イギリスの経験以前に起こっていたこと、つまり、技術の面で可能性としては実現できたはずでありながら、失敗に帰した過去の数多の革命を思い出させはしまいか？ プトレマイオス朝[*50]のエジプトではすでに、蒸気の力について知られていたにもかかわらず、遊びにしか使われなかった。古代ローマ世界は、中世初頭の世紀を素通りして、十二、十三世紀になって再び使われるようになった技術的、工学的知識をすでに豊富に持っていた。この再生の時代、ヨーロッパは、風車や、古代ローマですでに知られていた水車を大量に建設することによって、エネルギー源を飛躍的に増大させた。それはすでに一つの産業革命である。十四世紀の中国には、コークス炉の技術があったらしいのだが、この潜在的革命は現実化されることなく終わった。十六世紀には、地底の鉱山の中では、揚水、吸水、排水のシステムが出来上がっていたにもかかわらず、この最初の近代的製造所、先駆的工場は、一時、資本の投下を誘ったものの、すぐに収益低減の法則の犠牲になってしまう。十七世紀には、イギリスで石炭の使用が普及し、ジョン・U・ネフ[*51]は、それをイギリスの最初の産業革命と見做しているのだが、確かにその通りではあれ、この革命は、広がりに欠け、大きな変化をもたらすにはいたらなかった。一方、フランスでは、十八世紀になって、産業発展の兆候は顕著となり、技術革新が相次ぎ、基礎科学も、少なくともイギリスにひけをとらないものとなっていた。そうではあれ、結局、決定的な一歩を踏み出したのは、イギリスだった。あたかもそれが自然であるかのように、すべては起こるべくして起こり、ここに、世界最初の産業革命、近代史のもっとも大きな裂け目という、大きな課題に遭遇することになるのである。だが、何故、イギリスだったのか？

これらの問題に関しては、すでにイギリスの歴史学者たちによって徹底的に研究され、多くの論争があって、イギリス以外の国の歴史学者にとってはなかなか近寄りがたいものとなってしまっている。一つ一つを切り離して理解しようとすれば論争の迷路にはまり込み、かと言って、それを寄せ集めたからといって全体像が摑めるわけでもない。一つだけ確かなことは、安易で伝統的な説明はすでに無効になってしまっているということだ。産業革命を包括的な現象として、遠く深い起源を暗示する緩慢な現象として捉えるというのが最近の主な傾向である。

前に述べた、今日の低開発地域における経済成長の困難さと混乱ぶりを見るにつけ、イギリスにおける技術革命の「ブーム」、世界最初の大量生産の「ブーム」が、十八世紀末から十九世紀に至ってもなお、オーバーヒートを起こすことも、障害を前にして立ち往生することもなく、驚異的な国家的成長を成し遂げたことは驚くべきことではなかろうか。イギリスの地方からは人口が流出しながらも、その生産能力は損なわれることはなかったし、新しい産業は、必要なだけの労働力——熟練労働、単純労働を問わず——を難なく見出すことができた。国内市場は、物価の高騰にもかかわらず、発展し続けた。技術革新も留まることなく、つねに必要に応じることができた。外国市場も、連鎖反応のように次々と広がっていった。そして、利潤が下落したときでさえ、例えば、第一次「ブーム」後の木綿産業の利潤の暴落のときでさえ、恐慌には至らなかった。蓄積された膨大な資本はどこにでも移動することができたからであり、鉄道が木綿の後を引き継いだのだった。

ニューラナークにあったロバート・オーウェンの綿紡績工場

要するに、イギリス経済の全セクターが、生産の急上昇に、混乱も故障も起こすことなく対応できたのである。そこには、国民経済の全体が対応したといっても過言ではないだろう。他方、イギリスにおける木綿産業の革命は、一番底の部分、日常生活の部分から生じたものに他ならなかった。技術的な発見のほとんどは、職人たちによるものだったし、産業家も多くは、しがない階層の出身であった。資本を借り受けることは簡単で、当初は、投資額も些細なものでしかなかった。つまり、驚異的な変化をもたらしたのは、すでにあった富でもなく、ロンドンでも、その商業・金融資本主義でもなかったのだ。実際、ロンドンが、産業の支配権を握るのは、一八三〇年を過ぎてからのことでしかない。こうした多くの驚嘆すべき例を通して、やがて産業資本主義と呼ばれるようになるものが、市場経済の活力、あるいは、基底の経済の活力によって、革新的な小産業の活力、そして、生産と交換のプロセス全体の活力によって支えられていたことがはっきりと見て取れるのである。産業資本主義は、基底の経済の許す範囲でしか、成長することも、現実のものとして力を発揮することもできはしないのだ。

だが、イギリス革命もまた、当時のイギリスを実際に広大な世界の女王たらしめた世界情勢なしには、かくなるものではあり得なかったことは言うまでもない。フランス革命とナポレオン戦争がそれに大きく寄与したことはよく知られている。木綿産業の「ブーム」が大規模に、そして持続したのも、新たな市場の開拓――ポルトガル領アメリカ、スペイン領アメリカ、トルコ帝国、インド等々――によって、絶えずエンジンがかけ続けられていたからに他ならない。世界は、好むと好まざるとに関わりなく、イギリス革命の強力な加担者になっていたのである。

ここに、かなり辛辣な論争が持ち上がる。資本主義と産業革命とは、その現場における社会的経済的構造の変化という「内的」要因によってもたらされたと考える人たちと、もっぱら「外的」要因（つまり、世界の帝国主義的搾取）[*52]によるものと考える人たちとの間の論争である。しかし、この論争は、私には的外れに思える。欲するだけでは世界を搾取することなどできはしない。そのためには、あらかじめ、ゆっくりと成熟してきた権力がなくてはならない。だが、また、ゆっくりとした内的なプロセスを経て形成されたこの権力が、世界のほかの地域の搾取によって、さらに強大になり、この二重のプロセスの中で、搾取する側と搾取される側の隔たりがより大きくなってゆくというのも確かである。つまり、内的、外的、二つの要因は複雑に絡まりあっているのだ。

そろそろ、結論を出さねばならない。ここまでのところでも、読者を納得させることができたかどうか自信はない。そうであればこそ、いまこれから、講演の締め括りにあたって、私の研究してきた、そして、ここで記述しようと努めてきた過去の世界と資本主義を参照しながら、現代の世界と資本主義について私の考えていることを述べて、読者を納得させることができるかどうかは、なおさら心許無い。しかし、歴史的説明とは、現在にまで達するのでなければならないのではないだろうか？　それは、過去と現在の出会いによって、その正否を確かめられねばならないのではなかろうか？

現代の資本主義が、その規模を驚異的に変化させてきたことはまぎれもない。それは、やはり驚異的に増大した基本的交換と財源に応じて大きくなってきたのである。いくらかの変更はあったにしろ、資本主義の本質がすっかり完全に変わってしまったとは、私は思わない。

そう言うには、三つの根拠がある。

まず、資本主義は、国際的な資源と機会の搾取の上に成り立っていることに変わりはない。換言すれば、資本主義は、世界的規模で存在する、少なくとも、全世界を目指すものである。その現在の主要な関心事は、この世界主義《グローバリズム》の再構築にある。

次に、資本主義は、どんなに激しい非難にもめげずに、つねに、頑なに、合法的ないし事実的な独占に依存している。今日、「経営組織」と言われるものが、市場を出し抜き続けている。だが、そこに何か本当に新しいものがあるかのように考えるのは間違いである。

さらに、普通言われているのとは反対に、資本主義は、経済のすべてを、すべての活動社会をすっかり覆っているわけではない。資本主義は、それ自身の完璧たらんとするシステムの中に、それらをそっくり取り込んでしまうことは、決してできないのである。これまで述べてきた三領域――物質生活、市場経済、資本主義経済（加うるに、その膨大な付加物）――は、いまなお識別と説明のために、驚くほどの現在的な価値を持ち続けている。これらの種々の段階ごとに特徴的な活動の現状、そのいくつかを覗いてみるだけで、そのことはすぐに納得できるはずである。一階のレベルでは、ヨーロッパにおいても、国民経済計算[*53]には算入されない自家消費やサービスがかなり見られ、職人の店も少なくない。真ん中の階では、既製服製造業者を例にとってみれば、その生産と、生産物の流通に関して、厳格で情け容赦のない競争の法則に従わねばならず、不注意と弱さは、破滅を意味する。一番上の階については、私のよく知っている二つの、一つはフランスの、一つはドイツの大企業を例に取ることができる。ヨーロッパ市場での唯一のライバルとして、両社は競争関係にあるということになっている。ところが、両社は、どちらが注文を取るかということについてはまったく無関心なのだ。というのも、利潤がどのようにしてもたらされるかに関わりなく、両社の利潤は一体になってしまっているからだ。

私は、かくして、自説（長い研究の末にようやくたどりついた結論である）の正当性を確信する。すなわち、資本主義は優れて、頂点における、あるいは、頂点を目指した経済活動から生まれるものに他ならないということである。それゆえ、この高空飛行（大規模）の資本主義は、物質生活と、まとまりのある市場経済という二重の層の上を飛翔し、それは高利潤の層をなしているのである。私は、こうして資本主義を最上級のものと見做した。そのことで批判を受けることになるのだが、こうした見解を持っていたのは何も私一人ではない。一九一六年に書かれた『帝国主義――資本主義の最高段階としての』[*54]の中で、レーニンはそのことについて二度触れている。「資本主義とは、最高度に発展した段階にある商品生産である。少数の大企業がすべてであり、無数の小企業は無である」。だが、一九一七年の自明の真理は、古い、ひどく古い真理である。

歴史的な広がりとパースペクティヴに欠けるというのが、ジャーナリストや経済学者、社会学者といった人たちの研究に往々にしてみられる欠陥である。他方、歴史学者は歴史学者で、同じようなことをしていないだろうか。あたかも、かれらの研究している時代がそれ自体で存在していたかのように、そこに始めがあり終わりがあるかのように見做しがちである。レーニンは、その鋭い洞察力で、同じ本の中にこう書いている。「自由競争が支配していた古い資本主義を特徴づけるものは、商品の輸出である。独占の支配する現代の資本主義を特徴づけるものは、資本の輸出である」。こうした断定には、しかし、大いに議論の余地がある。資本主義はつねに独占的であったし、商品と資本はいつも一緒に旅してきたし、資本と信用はつねに、外国市場を獲得し支配するためのもっとも確実な手段だった。二十世紀のはるか以前、フィレンツェでは十三世紀から、アウクスブルク、アンヴェルス、ジェノヴァでは十四世紀から、資本の輸出は日常的な出来事であった。十八世紀には、資本は、ヨーロッパと世界を飛び回っていた。一九〇〇年とか一九一四年とかに、金づくりの方法、手練手管が突然一度に誕生したわけでないなどと、敢えて言う必要があるだろうか。資本主義は、かつても今も、そうしたことはすべて承知していたし、その独自性と強さは、一つの手管から他の手管へ、一つの活動形態から他の活動形態への変わり身の早さ、諸状況（コンジョンクチュール）に応じた頻繁な計画変更の素早さ、それでいて、それ自身にかなり忠実で、かなり首尾一貫したままであるという、そうした能力に由来するものに他ならない。

私が、歴史学者としてではなく、現代に生きる人間として残念に思うのは、資本主義世界でも社会主義世界でも、資本主義と市場経済を区別することが一般には認められていないことである。西洋において、資本主義の害悪に立ち向かう人たちに対して、政治家や経済学者は、こう答える。それはまだましなもの、自由企業と市場経済のためにはやむを得ない裏面にすぎない、と。私は決してそうだとは思わない。ソ連においてさえ顕著になってきた運動の中で、社会主義経済の鈍重さを懸念し、そこにより多くの「自発性」（より多くの自由と、私は翻訳する）を認めようとする人たちに対する答えはいつもこうだ。それはまだましなもの、資本主義の害毒の根絶に伴う不可避の裏面にすぎない、と。ここでもまた、私はそうは思わないのだが。だが、私が理想とするような社会、そんなものは実現可能だろうか？　いずれにしても、世界にそれほど多くの賛同者がいるとも思えないのではあるが！

これをもって私の講演を締め括りたいと思うのだが、最後に、歴史学者として、一言だけ述べておきたい。

歴史学はつねに新たに始まり、それはつねにそれ自身を作り上げ、それ自身を乗り越えてゆく。その運命は、すべての人間科学のそれと別のものではない。そうであればこそ、私の書いた歴史学の本が今後何十年も有効であり続けるとは思わない。決定版の歴史書などあり得ないし、誰もがそれを知っている。

資本主義と経済についての私の解釈は、長い間の古文書館通いと、膨大な量の読書に基づくものではあるが、統計的データは十分とは言えず、体系的なものではなく、要するに、量的なものよりは、むしろ、質的なものに依拠せざるを得なかった。生産曲線、利潤率、貯蓄率を扱った、あるいは、企業のバランスシートや、固定資本の減価の概算などを扱った専門的研究は皆無に近い。私は、これらの種々の領域についてのより正確な情報を求めて、同僚や友人たちに聞いて回ってもみたが、ほとんど得るところはなかった。

　そうではあれ、私がやむをえず、依拠せざるを得なかった議論を乗り越える道があるとするなら、それは、間違いなく、こうした方向性にあると私は思う。より明確に理解するために分割する、三つのレベルないし階層に分割する、それは、ひどく複雑な経済的、社会的現実を無理に単純化して歪曲してしまうことにもなりかねない。実際、例えば、機械化と同時に現れる成長率の変化の理由を、ひとまとまりのものとして理解するためには、全体を把握せねばならない。過去の経済の領域に関するかぎりは、国民経済計算とか、マクロ経済学のような現代的手法を採り入れることに成功すれば、全体的、総合的歴史学も十分に可能であるはずだ。国民所得、一人当りの国民所得の変動を追跡すること、ルネ・ベーレル*55による、十七、十八世紀のプロヴァンス地方についての先駆的研究を再評価すること、「予算と国家収入」の相関関係を見出すこと、粗生産と純生産の、時代ごとの隔たり、差異を比較すること（このテーマに関するサイモン・クズネッツ*56の仮説が、近代的成長を理解するための要となるものと、私は思っている）――特に、若い歴史学者諸君に対して、私は、これらの課題を提起しておきたい。私は、自分の本の中でも時々は、風景がかすかにではあれ覗き見えるであろう窓を開けてきたつもりである。しかし、いずれにしても、窓は一つでは十分でない。共同とまでは言わずとも、少なくとも、連携した研究が不可欠であろう。

もちろん、そのことは、この未来の歴史学が、決定版の経済史になるということを意味するわけではない。経済計算とは、精々、フロー[*57]の研究、国民所得の変動についての研究にすぎず、国富、国家資産の総額を測定するものではないからだ。この総額は測定可能なものであり、研究されねばならない。歴史学の、いや、他のすべての人間科学、のみならず、すべての客観科学の前には、つねに、発見されるべきアメリカ大陸が横たわっているのだ。

# 訳　注

## 第一章

＊1　『物質文明・経済・資本主義』　本書の著者、フェルナン・ブローデルの代表的著作の一つ（一九七九年完結）。第一巻「日常性の構造」、第二巻「交換のはたらき」、第三巻「世界時間」の三部で構成され、十五世紀から十八世紀にかけての世界の経済、産業、文化の歴史を、統計学的手法を駆使しながら、ダイナミックに記述している。

同書の目次の構成を以下に示す。

第一巻「日常性の構造」（第一章・数の重量／第二章・日用の糧／第三章・余裕と通常――食べ物と飲み物／第四章・余裕と通常――住居・衣服・流行／第五章・技術の伝播――エネルギー源および冶金／第六章・技術革命と技術の遅れ／第七章・貨幣／第八章・都市）

第二巻「交換のはたらき」（第一章・交換の道具／第二章・市場を前にした経済／第三章・生産あるいは他人の領分における資本主義／第四章・自らの領分にお

ける資本主義／第五章・社会あるいは「全体集合」）
　第三巻「世界時間」（第一章・ヨーロッパにおける空間および時間の分割／第二章・ヨーロッパにおける都市支配型の旧経済――ヴェネツィア以前・以後／第三章・ヨーロッパにおける都市支配型の旧経済――アムステルダム／第四章・国民市場／第五章・世界はヨーロッパに味方し、また敵対する／第六章・産業革命と成長／結論として・歴史的現実と現在的現実）
　なお、訳書は各巻がさらに二分冊され、みすず書房から刊行されている（村上光彦訳）。
＊2　リュシアン・フェーヴル（Lucien Febvre, 1878-1956）　フランスの歴史家。一九二九年、マルク・ブロックとともに『経済・社会史年報（アナール）』誌を創刊、一九三三年にコレージュ・ド・フランスの教授となった。歴史学と地理学との協調を図って、ブローデルに大きな影響を与えた。
＊3　セイレンの歌　セイレンはギリシア神話に登場する三人のニンフ。スキュラとカリュブディスの近くに住む、上半身は女、下半身は鳥の姿の怪物で、近くを航海する船人を美しい歌声で死へ誘うとされる。オデッセウスはそのことを知って、自分の体を帆柱に結びつけさせて身動きできないようにし、セイレンの歌から逃れたという。

＊4　『地中海』　一九四九年に出版されたフェルナン・ブローデルの代表的著作の一つで、正しくは『フェリペ二世の時代における地中海と地中海世界』。
なお、訳書は藤原書店より刊行されている（浜名優美訳）。

＊5　ヤーコプ・フッガー（Jakob Fugger, 1459-1525）　十五世紀から十六世紀にかけて、南ドイツのアウクスブルクを中心に発展した商業資本家フッガー家の当主。富豪フッガーとも呼ばれ、東洋産の香料、絹をはじめ鉱物などの取引で巨万の富をなした。

＊6　マルティン・ルター（Martin Luther, 1483-1546）　十六世紀のドイツの宗教改革者。一五一七年、ローマ教皇レオ十世の発した免罪符に抗議、ヴィッテンベルク城教会の扉に、「罪の許しは神の意志のみに基づく」とした九十五か条の「提題」を掲げた。この提題はヨーロッパの国々に大きな波紋を投げ、ルターは一五二一年、ヴォルムスのドイツ国会で神聖ローマ皇帝カール五世により追放された。プロテスタンティズムの創始者で、晩年、『新約聖書』のドイツ語訳に専念した。

＊7　フランソワ・ラブレー（François Rabelais, 1483-1553）　ルネッサンス期のフランスの物語作家、人文学者、医師。フランス中世の伝説的人物ガルガンチュアを主人公とした『ガルガンチュア物語』の著者で、同書によりスコラ哲学、カトリック教会、戦争、君主などを批判した。

＊8　**ジャック・クール**（Jacques Cœur, ca. 1395-1456）　十五世紀のフランスの大商人。東方貿易、国内での鉱山や織物工場の経営により巨富を得、近東貿易でイタリア商人と肩を並べるまでになった。シャルル七世の財政、外交を援助して百年戦争の終結に貢献したが、妬まれて財産を没収されイタリアに亡命した。

＊9　**ジョン・ロー**（John Law, 1671-1729）　十八世紀のイギリスの財政家。はじめアムステルダムで銀行業務に携わっていたが、一七一六年、フランスに銀行を設立（一七一八年には王立銀行に改組）、また西インド会社の前身であるルイジアナ会社を設立して貿易の独占権を得た。しかし、ローの活動を契機とする投機の横行により、一七二〇年には紙幣価値が二分の一に下落、フランスは恐慌に陥った。

＊10　**複合状況**　「コンジョンクチュール」は通常、「状況」あるいは「景気」などと訳されるが、ブローデルはこれを独自の概念とし、何らかの歴史的事件を成り立たせる状況の複合といった意味で使っている。したがってこの用語は、「中期持続」に対応するものと考えられる。

＊11　**長期持続**　著者が歴史の世界を判断するにあたって用いた方法で、歴史的事象の時間性に注目し、それを「短期持続」「中期持続」「長期持続」の三つの段階に区分した。「短期持続」とは、一回かぎりの歴史的事実すなわち「事件」であり、「中期持続」とは、時々刻々動きながらも一定の周期を示す「複合状況」であ

り、「長期持続」とは、事件や複合状況の深部にあって、ほとんど動かない「構造」であるとされる。

＊12　**私の本の第一巻**　ブローデルの著書『物質文明・経済・資本主義、15―18世紀』の第一巻「日常性の構造」。

＊13　**カール・グスタフ・ユング**（Carl Gustav Jung, 1875-1961）　スイスの代表的精神病理学者。フロイトのリビドー概念を拡張した学説を立てた。一九〇九年、アメリカ合衆国に招かれ、精神分析の普及とともに国際精神分析学会の創立に参画したが、のちに離れている。著書に『心理的類型』『無意識の心理』などがある。

＊14　**ジョルジュ・ルフェーヴル**（Georges Lefébvre, 1874-1959）　フランスの歴史家。ストラスブール大学、ソルボンヌ大学の教授を務める。学位論文で、フランス革命における農民革命の意義を始めて取り上げて注目された。著書に、『フランス革命』『大恐怖』『ナポレオン』『一七八九年』などがある。

＊15　**黒死病**→ペスト（＊16）

＊16　**ペスト**　インド、中央アジア、アラビア、アフリカなどの齧歯類に流行する伝染病で、ネズミを介して人間に伝わる。歴史上、ヨーロッパを襲った最初のペスト流行はローマ時代（五四二―五九四）だが、一三四〇年代の大流行ではヨーロッパ全域で二五〇〇万人が死亡、ペストの脅威は十七世紀後半まで続いた。

＊17　**発疹チフス**　シラミから人間に伝わる伝染病で、環境が悪化すると流行することから戦争熱、飢饉熱、刑務所熱などとも呼ばれた。イギリスで多発したり、第一次世界大戦時にはロシアで二五〇〇万人が罹患したこともある。

＊18　**腸チフス**　チフス菌によって起こる伝染病で、不潔な食物、食器などから経口的に伝播する。

＊19　**天然痘**　疱瘡とも言う。ウィルスにより伝染し、発疹によって生涯消えない痘痕（あばた）を残す。ヨーロッパでは六世紀以降に流行し、一七九六年にジエンナーによって発見された種痘が普及するまで予防ができなかった。

＊20　**風土病**　ある地域の地勢、気象、生物相などが原因となって生じる、その地域独特の疾患を言う。たとえば、熱帯地方のデング熱、熱帯や温帯のマラリア、北ヨーロッパの脚気、スイス地方の山岳性甲状腺腫など。

＊21　**梅毒**　伝染性の性病。もとは西インド諸島の風土病とされている。一四九三年のコロンブスによるアメリカ発見の遠征の際、隊員が伝染し、ヨーロッパに持ち込まれ、翌一四九四年、フランス王シャルル八世のイタリア侵入によって、ヨーロッパ全土に広がった。

＊22　**ピエール・グルー**（Pierre Gourou, 1900-99）　フランスの地理学者。コレージュ・ド・フランスの教授。熱帯地方の地理を研究対象とし、フランス地理学界

を代表する学者とされた。
＊23　**カール五世**（Karl V, 1500-58）　神聖ローマ帝国（ドイツ）皇帝（在位一五一九―五六）。一五一六年、カルロス一世としてスペイン王となり、一九年、選挙で対立候補のフランス王フランソワ一世を破り、皇帝の位について、アメリカ新大陸を含むスペインおよびドイツの広大な領土を支配した。二一年、ヴォルムスの国会でルター追放を決定したが、のち新教徒の抵抗にあい、五五年、アウクスブルクの宗教和議によってルター派を認めざるを得なくなった。
＊24　**神聖ローマ帝国**　九三六年にドイツ国王となったオットー一世（在位九三六―九七三）が、初めて神聖ローマ帝国皇帝の称号を唱えた。神聖ローマ帝国とは、キリスト教的ローマ帝国の意で、その皇帝は、ローマ教会の宗教的権威に対し、世俗的な唯一最高の権威であり、中世を通じて、ドイツのみでなくヨーロッパ全体の君主の上位に立つものとされた。同帝国は、フランツ二世が皇帝の座を退く一八〇六年まで、ドイツ国家の名称として使われていた。
＊25　**ルイ十四世**（Louis XIV, 1638-1715）　フランス国王（在位一六四三―一七一五）で、太陽王とも呼ばれた。フランドル戦争、オランダ戦争、ファルツ戦争、スペイン王位継承戦争などで領土拡大を試み、ブールボン王朝の最盛期をもたらしたが、相次ぐ戦争によって国力の疲弊を招いた。

＊26　**第二巻**　ブローデルの著書『物質文明・経済・資本主義　15―18世紀』の第二巻「交換のはたらき」。

＊27　**ジョルジュ・ギュルヴィッチ**（Georges Gurvitch, 1894-1965）　ロシア生まれのフランスの社会学者、法学者。ソルボンヌ大学社会学教授。巨視的社会学の観点から、社会的現実を社会的交渉形態、集合体、全体社会の三要素に分けて分析した。

＊28　**アンシャン・レジーム**（Ancien régime）　フランス革命以前の絶対王政時代を、革命以後の新制度に対比してアンシャン・レジーム（旧制度）と呼ぶ。

＊29　**カール・ブリンクマン**（Carl Brinkmann, 1885-1954）　ドイツの経済学者、社会学者。ハイデルベルク、ベルリン、チュービンゲンなどの大学教授を歴任し、歴史的国状学の概念を創始して総合的な国家学の研究を行った。

＊30　**使用価値**　物の有用性あるいは効用のこと。物の効用は、その物が持っている独自の性質によって規定されるが、その物を用いる個々人の満足度とは必ずしも一致しない。

＊31　**交換価値**　ある物が他の物と交換される場合の相対的価値を言う。商品と商品の交換にあたり、貨幣がその仲立ちをする場合、交換価値は価格で表される。

＊32　**市の世界**　市は古くから存在し、ギリシア・ローマ時代にはポリス（都

市国家）の広場で、中世に入ってからは領主の居住地、あるいは教会の近傍など、人の集散の盛んな場所で開かれていた。市には、聖人の祝祭日などに開かれる祭礼市、あるいは期日を定めて行われる定期市があり、生活必需品、労働器具、家畜、嗜好品、貴金属などが取引きされ、市を巡りながらそれらの商品を売る行商人なども現れるようになった。

＊33　**大市**　十二世紀以降、貨幣経済が定着し、交通路が整備されてくると、毛織物、ブドウ酒など特産品を持つ地方や、交通の要地に定期的に市が開かれるようになり、次第に商取引の中心としての大市に発展していった。たとえばフランスのシャンパーニュの大市は、南北ヨーロッパの交易市場として栄えた。

＊34　**取引所**　十三世紀に起こった商取引機構。有価証券や特定の商品についての売買を行うが、一定の資格がないと取引に参加できない。

＊35　**バイア**　現在のブラジル東部、バイア州の州都サルバドル。

＊36　**キリスト昇天祭**　キリスト教の祭りで、イエス・キリストが復活後に昇天したのを記念し、復活祭後四十日目の木曜日に行われる。

＊37　**ピエトロ・アレッティーノ**（Pietro Aretino, 1492-1556）　イタリアの詩人、作家。貴族、大商人の保護を受けて『オラッツィア』などの悲劇、喜劇、風刺詩を残した。

＊38　**ヨセフ・デ・ラ・ベーガ**（J. de la Vega, 1650-92）　スペイン出身のユダヤ人商人。『混乱の中の混乱』は一六八八年、アムステルダムで出版されている。
＊39　**アンヴェルス**　アントワープ。ベルギー北部スヘルデ川下流にある大都市。スペインの新大陸貿易、ポルトガルの東インド貿易の拠点となり、一五三一年にはヨーロッパでは最初の株式取引所が開設された。
＊40　**ベルヘン・オプ・ソーム**　オランダ南部の都市（ベルギーのアンヴェルスに近い位置）。
＊41　**フランクフルト**　ドイツ中西部、ライン・マイン河沿いの都市。スイスと北ドイツを結ぶ商業地で、秋大市、復活祭大市などが開かれた。
＊42　**メディナ・デル・カンポ**　スペイン南部の都市。
＊43　**リヨン**　フランス南東部、ローヌ、ソーヌ両川の合流点にある商業都市。イタリア、ドイツへの街道の要衝にあたるため、ヨーロッパ大陸内の中心的商業地の一つとなった。
＊44　**ブザンソン**　フランス東部、ジュラ山脈西北麓の都市。時計工業の中心地で、織物、陶器、ゴム・皮革製品でも知られている。
＊45　**ジェノヴァ**　イタリア北部、ジェノヴァ湾に面した海港都市。十一世紀以降、地中海西部で活発な海上活動を行い、やがて東方にも手をのばしてレヴァント貿

易に進出するなど、十二―十三世紀にはヴェネチアと海上貿易の覇権を争った。

＊46　**ロ－ペ・デ・ベ－ガ**（Lope Félix de Vega Carpio, 1562-1635）　スペインの劇作家、詩人。マドリッドに生まれ、生涯にわたって多くの女性を愛した。『国王こそは無二の判官』『おろかな貴婦人』などで民族史劇、恋愛喜劇を創始したほか、イギリスの海賊を主題とする叙事詩『ドラゴンテーア』、史詩『征服されたエルサレム』などにより、スペイン文学史上、屈指の作家とされる。

＊47　**ボーケール**　フランス南部、ガール県のローヌ河畔にある町で、アヴィニョンに近い。

＊48　**バルカン諸国**　バルカン半島にある国々。バルカン半島はヨーロッパ中央部から南東に伸びる大半島で、東に黒海、エーゲ海、西にアドリア海、イオニア海、南に地中海があり、ヨーロッパと東方の接点に位置する。バルカン諸国には現在、ルーマニア、旧ユーゴスラビア、ブルガリア、アルバニア、ギリシアなどがある。

＊49　**イスタンブール**　旧名コンスタンチノープル。ボスポラス海峡の南口にあり、東ローマ帝国の首都、オスマン帝国の首都として、また、アジアとヨーロッパを結ぶ交易の中心地として栄えた。

＊50　**ムガル帝国**　十六世紀から十九世紀半ばまでインド中・北部を支配したイスラム政権の帝国。その盛期には、皇帝の絶対権のもとに貴族、土豪を官吏とし

た官僚支配体制を敷いたが、イギリスのインド進出により次第に権力を失い、一八五七年のセポイの反乱が失敗してバハードゥール・シャー二世がビルマに流され、滅びた。

＊51　**バイシャ階級**　インドの階級制度カーストの一つ。カーストは上位からブラーフマナ（婆羅門）、クシャトリヤ（王族）、バイシャ（庶民）、シュードラ（隷民）に分かれている。

＊52　**バンタム**　バンタン。ジャワ島の西部に、十六世紀後半から十九世紀前半まであったパジャジャラン王国の海港。東隣のスンダ・カラパ（後にバタヴィア。現在のジャカルタ）の発展により包含された。

＊53　**メッカ**　サウジアラビア西部のヘジャズの首都。紅海の港ジッダより東方七十キロの位置にあり、イスラム教徒の聖地。

＊54　**バスラ**　イラク最大の商業都市。イラク南東部のシャッタル・アラブ川をペルシア湾から百キロさかのぼったところにある。

＊55　**コンスタンチノープル**→イスタンブール（＊49）

＊56　**スーラト**　インド中西部のタプチ川河口に開けた海港。一六一二年、インドで最初のイギリス商館が建てられ、一六八七年までイギリス領インド政府が置かれていた。

＊57　**東インド会社**　ヨーロッパ諸国が十七世紀から十九世紀にかけて、インド、東南アジアとの交易、植民地経営を委ねた会社の通称。イギリス東インド会社は一六〇〇年に活動を開始したが、遅れてできたオランダ東インド会社に東南アジア地域の権益を奪われ、もっぱらインドとの交易に力をそそぐようになった。これが、後のイギリスによるインド支配につながっていく。

＊58　**アレッポ**　シリア北部の都市。古くから東西交通の拠点として栄えた。

＊59　**フランク語**　フランス語の構成言語の一つ。五世紀末から九世紀にかけ、西ヨーロッパを統一したゲルマン系フランク部族の用いていた言語で、その影響は特にフランス北部の発音に見出される。

## 第二章

＊1　**ヌエバ・エスパーニャ**　現在のメキシコ。十六世紀前半、スペインの征服により、スペイン国王の直轄地となったメキシコは、以後十九世紀前半まで植民地として統治された。

＊2　**アダム・スミス**（Adam Smith, 1720-90）　古典派経済学の祖とされるイギリスの経済学者。『国富論』を著し、国民の富は労働によって生まれ、労働の生産力を高めるには個人の利己心に基づく自由な競争が最善であるとした。

＊3　**チュルゴー**（Anne Robert Jacques Turgot, 1727-81）　フランスの経済学者、政治家。リモージュ県知事として、農民の封建的負担の軽減に努め、また財務総監として穀物取引の自由化、賦役の廃止、特権階級の免税廃止など、フランス革命の先駆的改革を行った。代表的著作に『富の形成と分配に関する省察』がある。

＊4　**デヴィッド・リカード**（David Ricardo, 1772-1823）　イギリスの経済学者。証券取引業者として財をなし、国会議員となったが、アダム・スミスの『国富論』を読んで経済学に興味を持ち、『経済学および課税の原理』を著した。そこで彼は、商品価値は商品を生産するのに必要とされる労働の量に規定され、地代も利潤も同様の原則に従うとしている。

＊5　**資本主義**　利潤の獲得を目的に、生産手段を私有する資本家が、商品化された労働力を使って商品を生産する形態を言う。利潤は、生産された商品の価値から生産手段に要した費用および労働賃金を除いた剰余価値である。資本主義を社会の歴史的発展の一段階として初めて定義づけたのはマルクスであった。

＊6　**ヴェルナー・ゾンバルト**（Werner Sombart, 1863-1941）　ドイツの経済学者、社会学者。マルクス主義の理解者として知られる。M・ウェーバーらと科学的社会政策理論の確立に努めるとともに、『近代資本主義』『三つの経済学』などの著書により、歴史学派の経済思想、自然科学的経済思想を統合した新しい経済体制

概念を提起した。

＊7　**マルクス**（Karl Heinrich Marx, 1818-83）　ドイツ生まれの社会主義者、経済学者。『共産主義者宣言』などの著作・論説によってヨーロッパの社会主義者を指導し、『資本論』を中心とする著作で、社会の歴史的発展段階における資本主義の意義を解明した。

＊8　**ダンチヒ**　グダニスク。ポーランド北部、バルト海に面したヴィスワ川河口の港湾都市。十二世紀後半からドイツの商人が住み、十四世紀初頭にハンザ同盟に加わった。十五世紀後半から十七世紀前半にかけては、穀物や木材を扱うバルト海貿易の拠点として栄えた。

＊9　**イーストラ半島**　旧ユーゴスラビアの西部、イタリア国境に接しアドリア海に面した半島。気候は温暖で小麦、オリーブ、ブドウなどを産し、特に良質のワインの生産で知られている。

＊10　**bourg**　ブールは ville（都市）と village（村）の中間で、市の立つ規模の小さな町（ないし、大きな村）を意味する。

＊11　**プリア**　イタリア南東部の州。

＊12　**遠隔地交易**　十二～十五世紀末の都市は、基本的に周辺地域の手工業製品の中心的市場として存在したが、東地中海地域、中近東地域との遠隔地交易によ

って、経済的優位を獲得しようとする都市が出現するようになった。その典型が、フィレンツェ、ヴェネチアなどのイタリア諸都市であり、これに対抗する形で起こったドイツ商人によるハンザ同盟諸都市であった。

＊13　**コロマンデル海岸**　インドのデカン半島東部、ベンガル湾に面したマドラスを中心とする海岸地帯。綿、タバコ、藍などが生産されている。

＊14　**ベンガル地方**　インド東部、東パキスタンにまたがり、ガンジス河河口に広がる一帯。この地域の中心地であるコルカタは十八世紀後半から、イギリス東インド会社のインド支配の根拠地となった。

＊15　**アンティル諸島**　西インド諸島。メキシコ湾南西部からカリブ海北部を回り、ベネズエラ北部に達する群島で、西部を大アンティル諸島、東部を小アンティル諸島と呼ぶ。キューバ、ジャマイカ、ハイチ、ドミニカなどが含まれる。

＊16　**ダニエル・デフォー**（Daniel Defoe, 1660-1731）　イギリスのジャーナリスト、小説家。代表作『ロビンソン・クルーソー』で知られるが、当時のイギリスの世相を綴った『イギリス周遊記』など貴重な資料も残している。

＊17　**国際決済銀行**（BIS; Bank for International Settlements）　第一次世界大戦の敗戦国ドイツからの賠償金取立て・配分を目的に、一九三〇年、スイスのバーゼルに設立された。その後、さまざまな曲折を経て現在では国際金融、金利調整など

を行う中心的機関として認められている。

＊18　**コチニール染料**　エンジムシ（カイガラムシ科の昆虫）からとれる紅色の染料で、食品の染色、化粧品、絵具の原料として用いられた。原産地は中南米だが、十九世紀前半、スペインでつくられるようになった。

＊19　**ヴェーネト地方**　イタリア北東部。

＊20　**家内労働システム**　業者ないし仲買人から生産に必要な器械・器具、原材料の提供を受け、世帯主を中心とした労働によって商品をつくる方式。作業場所は主として家庭内であり、家内労働の報酬は手間賃程度である。

＊21　**マニュファクチャー**　工場制手工業。作業場に賃金労働者を集め、主として道具を労働手段とし、分業により商品を生産する形態を言う。資本主義社会での機械制大工業の前駆的様式とされている。

＊22　**金融資本主義**　高度な資本主義社会では、産業の独占化が進むとともに、株式などによって産業に投資する金融資本の力が増大し、銀行と産業の協同による独占的資本が形成されてくる。このような状態を金融資本主義と言う。

＊23　**レーニン**（Владимир Ильич Ленин, 1870-1924）　ソ連の政治家。早くから社会改革運動に参加、一九一七年の二月革命、十月革命を指導してロシア革命を成功させた。以後、没するまで、ソ連人民委員会議議長（首相）を務め、社会主

義運動の実践家、理論家として、ソ連のみならず世界の社会主義者、共産主義者に大きな影響を与えた。

＊24 **ガーシェンクロン**（Alexander Gerschenkron, 1904-78）ロシア生まれのアメリカの経済学者。ウィーン大学、オックスフォード大学で学んだのち一九三八年に渡米、四五年に帰化した。ハーヴァード大学教授でロシア・ソ連経済史の権威とされる。

＊25 **バルディ** 十四世紀のイタリアの貸金業者。フィレンツェに本拠を置いた一家で、イギリス、フランス、ナポリその他の王室や諸侯に巨額の資金を貸し付けていたが、それらの資金の回収ができず、一三四五年、ペルッツィ家とともに破産した。

＊26 **ネッケル**（Jacques Necker, 1732-1804）フランスの政治家、銀行家。一七八九年五月、ルイ十六世の財務総監として、国家経済再建のために三部会を召集したが、この三部会がフランス革命を呼び起こす直接の原因となった。『フランス財政論』などの著作があり、財政学者としても知られる。

＊27 **ヨゼフ・シュンペーター**（Joseph Alois Schumpeter, 1883-1950）オーストリア生まれのアメリカの理論経済学者。二十五歳のとき『理論経済学の本質と主要内容』を発表して頭角を現し、グラーツ大学などの教授を務める。第一次世界大

戦後、オーストリアの大蔵大臣などとなり財政・経済の実際に関与するが、一九三二年、アメリカのハーヴァード大学教授となり、帰化した。景気循環に関する理論は有名である。

＊28　一六八八年の革命　イギリスの名誉革命。ジェームズ二世のカトリック教徒優遇政策に抵抗したイギリス議会が、一六八八年、ジェームズの長女で新教徒であったメアリーの夫、オランダの統領オレンジ公ウィリアムをイギリス国王として招請、ジェームズはフランスに逃亡した。翌八九年、ウィリアムは「権利宣言」を承認しウィリアム三世として即位、「ビル・オブ・ライツ（権利章典）」を発布して議会の権利、人民の自由を法的に認めた。この政変は流血の事態を伴わなかったため、名誉革命と呼ばれる。

＊29　一八三〇年の七月革命　一八三〇年にフランスで起こった市民革命。ナポレオン没落後の王政復古によってフランスを支配した大土地所有者に対し市民階級の不満が爆発、「栄光の三日（七月二十七、二十八、二十九日）」の戦闘により勝利した市民側が、ブールボン家の王シャルル十世を廃し、新たにオルレアン公ルイ・フィリップを擁立して市民的議会主義王政を成立させた。

＊30　聖トマス・アクィナス（Thomas Aquinas, 1225-74）　イタリア生まれのドミニコ会修道士、神学者、スコラ哲学者。ナポリ、パリ、ケルンの各大学で神学、

哲学を学び、特にアルベルトゥス・マグヌスに師事した。パリその他で講壇に立ちつつ、『神学大全』など多数の著作を執筆、その知性的かつ謙虚な独創性に富む神学によって、後代の宗教者に大きな影響を与えた。一三二三年に聖列に加えられ、聖トマス・アクィナスと呼ばれる。

＊31　**マックス・ウエーバー**（Max Weber, 1864-1920）　ドイツの社会科学者。ベルリン、フライブルク、ハイデルベルク、ミュンヘンなどの教授を務め、前近代から近代社会への発展に果たしたプロテスタンティズムの役割を論証する『プロテスタンティズムの倫理と資本主義の精神』をはじめ、『経済と社会』『職業としての政治』など、政治・経済・社会にかかわる多くの著作を残した。

＊32　**シエナ**　イタリア中部、トスカナ地方の都市。十三世紀から十五世紀にかけて美術の中心として栄え、シエナ派の作品はイタリア全土で珍重された。十三世紀前半期、シエナを中心とするトスカナ地方はローマ教皇領となっている。

＊33　**ルイ十三世**（Louis XIII, 1601-43）　ブールボン家のフランス国王（在位一六一〇―四三）。リシュリューを宰相として重用、貴族や新教徒の抵抗を排除して国内の安定を図った。対外的には、ドイツの三十年戦争に関与するなど、フランスに圧力を加えるハプスブルク家に対抗した。

＊34　**リュソン**　フランス西部の小都市。宗教戦争の時代（十六世紀）にユグノ

ーの拠点となった海港ラ・ロシェルに近い。

＊35　リシュリュー（Armand Jean du Plessis, Cardinal et Duc de Richelieu, 1585-1642）　フランスの政治家、ルイ十三世時代の宰相。リュソンの司教から頭角を現し、摂政マリー・ド・メディシスに登用された。宮廷内の陰謀に関与してパリを追われるが、ルイ十三世の招請によって復帰、宰相としてフランス絶対王政の基礎を固めた。

＊36　マリー・ド・メディシス（Marie de Médicis, 1573-1642）　フランス国王アンリ四世の王妃、ルイ十三世の母。フィレンツェのメディチ家の出身でフランス国王に嫁ぎ、王の死後、摂政となったが、子のルイ十三世と対立、亡命した。

＊37　科挙　中国の官吏登用制度。隋の時代（五八〇年）から清朝末期（一九〇五年）まで続き、時代によって試験内容は異なったが、合格者は秀才、明経、進士などと呼ばれて高等官僚の道を歩んだ。

＊38　ニューディール　アメリカのフランクリン・ローズヴェルト大統領がとった、社会経済政策の総称。一九二九年、ニューヨークの株式取引所で株価の大暴落が起こったのを発端に金融恐慌が発生、大恐慌を引き起こした。恐慌の最中に大統領となったローズヴェルトは、ニューディール立法と呼ばれるさまざまな法律を制定し、経済・産業復興につくした。ＴＶＡ（テネシー河谷開発公社）による事

業は、その象徴とされている。

＊39　**カロリング王朝**　フランク王国後期の王朝（七五一―九八七）で、カール大帝の名にちなんでそう呼ばれる。古典的な荘園支配を基礎とする中央集権的専制国家であった。

＊40　**サルタン**　スルタン。イスラム教徒の世俗的な権威者、支配者の意。八世紀以来、イスラム国家の君主などの称号として使われていたが、一九二二年のオスマン朝滅亡とともに使われなくなった。

＊41　**ティエール**（Louis Adolphe Thiers, 1797-1877）　フランスの政治家、歴史家。七月王政の樹立に貢献して政界に進出、一八三六年には首相となる。政治的無節操を攻撃されていったんは野に下るが、一八七〇年の第二帝政崩壊とともに復活、国防政府の行政長官として一八七一年三月十八日に起こった、パリ・コミューンを弾圧した。

＊42　**二百家族**　二十世紀前半、フランスの経済・産業を牛耳っていたヴァンデル、ロスチャイルドなどの独占資本家たちの寡占状態を、一般に「二百家族」の権力と言った。

＊43　**一九三六年のフランス**　前年、ファシズム勢力に対抗するため急進社会党、共産党などが人民戦線を結成、一九三六年六月にはブルム首相の人民戦線政府が

誕生した。同政府は労働者の権利の擁護、経済体制改革、ファシスト団体の解散などを旗印に掲げたが、独占資本の抵抗を受け、またスペイン内乱への不干渉政策が労働者の反感を買って人民戦線の足並みが乱れ、翌年、ブルム首相は辞職に追い込まれた。

＊44　**ジャン＝ポール・サルトル**（Jean-Paul Sartre, 1905-80）　フランスの思想家、文学者。一九三〇年代後半、哲学の教師を務めながら『自我の超越』などの哲学論文、『嘔吐』などの小説を発表して注目を集め、一九四三年の『存在と無』は、その反神学的立場により哲学界に大きな波紋を巻き起こした。第二次世界大戦後は実存主義の中心的思想家として、カミュ、ボーヴォワール、ニザンなどとともに活躍した。一九六四年にノーベル文学賞の受賞を拒否して話題となった。

## 第三章

＊1　**世界時間**　世界＝経済の変化の中で持続的に流れる時間を意味する。ブローデルは、世界＝経済の構成要素としての世界的規模での時間的経緯が主要な役割を演じていると考え、「世界時間」の概念を打ち出した。

＊2　**ジャン・ボダン**（Jean Bodin, 1530-96）　フランスの経済学者、政治学者で、トゥールーズ大学の教授などを務めた。その主張は、政治的には絶対主義的な君

主擁護論として『国家論』に示され、経済的にはフランスの初期重商主義者として保護貿易主義を唱えた。

＊3　ケインズ（Jhon Maynard Keynes, 1883-1946）　イギリスの経済学者。第一次世界大戦時には大蔵省で戦時経済の立案に携わり、一九一九年のパリ講和会議に大蔵省主席代表として出席したが、ドイツへの賠償請求案に反対して辞職した。第二次世界大戦でも、戦時財政を扱う政府機関に加わり、戦後はＩＭＦ（国際通貨基金）、国際復興開発銀行の理事に就任したが、活動の機会を待たず、一九四六年四月に没した。主著『雇用・利子および貨幣の一般理論』その他で、従来の経済学理論が避けていた不完全雇用下での資本主義経済体制を分析、完全雇用を達成するためには、国家による修正資本主義が必要だとした。その理論は、アメリカのニューディール政策などに大きな影響を与え、ケインズ学派として近代経済学の一派を形成するまでに至っている。

＊4　シスモンディ（Jean-Charles-Léonard Simonde de Sismondi, 1773-1842）　スイスの歴史家、経済学者。ジュネーヴの商工会議所に勤めながら経済学を研究、産業革命の弊害を見てアダム・スミスを批判し、主著『経済学新原理』により共同体的改良主義を主張した。経済的ロマン主義の先駆者とされる。

＊5　**ピョートル大帝**　ピョートル一世（Пётр I Алексеевич, 1672-1725）。ロシア

の絶対君主制を確立したロマノフ朝第五代君主（在位一六八二―一七二五）で、大帝と呼ばれた。一六八二年、ツァーリの位を継いだが、義姉ソフィアの陰謀により宮廷から遠ざけられた。一六八九年、ソフィアから実権を奪い返したピョートルは、ヨーロッパの文化、技術を熱心に取り入れ、一六九七年には西ヨーロッパ諸国と対トルコ同盟を締結、ロシアの君主として初めてドイツ、オランダ、イギリスなどを訪問した。また、「ヨーロッパの窓」としてバルト海岸にペテルスブルクを建設し首都とした。

**＊6　アウグストゥス**（Augustus, B. C. 63-A. D. 14）　ローマ帝国の初代皇帝（在位、前二七―一四）。カエサルの愛顧を受け、その死後、アントニウス、レピドゥスとともに三頭政治を行ったが、前三六年にレピドゥスを失脚させ、さらに前三〇年、アントニウスとクレオパトラを自殺させて帝政を創始した。当時のローマの支配地は、西はスペインから東はユーフラテス河、北はライン・ドナウ河に及んだ。

**＊7　アントニウス**（Marcus Antonius, ca. B. C. 82-B. C. 30）　古代ローマの政治家。カエサルの死後、アウグストゥス、レピドゥスと三頭政治を敷き、東方の支配地域を治めたが、エジプトの女王クレオパトラとの関係がローマ市民の反感を買い、アウグストゥスと対決、前三一年のアクティウムの海戦に破れた。エジプトに逃れた彼は、翌前三〇年、クレオパトラとともに自殺した。

＊8　クレオパトラ（Kleopatra, B. C. 69-B. C. 30）　古代エジプト、プトレマイオス朝最後の女王（在位、前五一―前三〇）。十七歳のとき、弟のプトレマイオス十三世とともにエジプトの共同統治者となるが失脚、後にカエサルの愛人となり、その支持を得てプトレマイオス十四世の共同統治者に復帰した。カエサルの死後は、ローマ三頭政治の三人委員の一人、アントニウスと情を結んだためローマに疎まれ、アントニウスがローマ軍との戦いに破れた翌年の前三〇年に自殺した。

＊9　アレキサンドリア　エジプト北部の、地中海に面したナイル河三角州にある都市。アレクサンドロス大王が建設したため、この名がある。プトレマイオス王朝の首都として繁栄し、地中海世界とアラビア、インドなどを結ぶ交易の一大中心地であった。クレオパトラが女王であった時代の人口は五十万人を超えたとされる。

＊10　キオッジャ戦争　十二世紀から十三世紀にわたって東方交易で繁栄を極めていたヴェネチアとジェノヴァは、やがて地中海東部の覇権をかけて戦うようになった（一三七八―八一）。一三八〇年、ジェノヴァはこの争いに一気に決着をつけるべくヴェネチア湾まで軍を進めたが、キオッジャ海戦で大敗を喫し、翌年、ヴェネチアの軍門にくだった。

＊11　イマニュエル・ウォーラーステイン（Immanuel Maurice Wallerstein, 1930- ）

アメリカの社会学者、歴史学者。ニューヨーク州立大学教授、「経済・『史的システム』、文明に関するフェルナン・ブローデル記念研究所」所長。ブローデルの歴史観に強い影響を受けると同時に、「世界システム」の概念によって、ブローデルの「世界＝経済」の概念構成を引き出した。

＊12　**フェリペ二世**（Felipe II, 1527-98）　スペイン王（在位一五五六―九八）。神聖ローマ皇帝カール五世の後を継いでスペイン国王となり、スペイン、オランダ、イタリア南部、アメリカ植民地を支配、後にポルトガルを併合して強大な勢力を誇ったが、無敵艦隊がイギリス海軍に大敗して制海権を失い、以後、国力は衰退に向かった。

＊13　**クリストファー・コロンブス**（Christopher Columbus, ca. 1446/51-1506）　イタリア生まれの探検家。スペインの女王イサベル一世の援助を得て、西回りでインドに達する航海を計画、都合四回の航海（第一回目は一四九二年から九三年）で西インド諸島、アメリカ大陸を発見した。

＊14　**脱中心化**（décentrages）　勢力が衰え、他の地域を支配する中心たり得なくなること。

＊15　**再中心化**（recentrage）　古い中心が衰えた後、他の地域に新しい中心ができて、そこに力が集中していくこと。

＊16　**ジョン・ブル**　典型的なイギリス人を指す呼び方。
＊17　**ジャック・ボノム**　フランスの農民の蔑称。
＊18　**第二次農奴制**　ヨーロッパの農奴制は、基本的には領主に隷属した世襲身分として中世中期には西ヨーロッパに定着したが、十三世紀になると農奴が一定の自由を獲得して農奴制は消滅していく。しかし、十六世紀に入ると、中央ヨーロッパやロシアで法的規制を伴った世襲的隷農制が復活してくる。この新しい農奴制を第二次農奴制と言う。
＊19　**順番に出現してきたという理解**（奴隷制、農奴制、資本主義）　社会体制が、古典的古代社会での奴隷制から封建的中世社会での農奴制へ、さらに近代的資本主義社会へと段階的に発展してきたとする説。主として、マルクスの経済的社会構成理論に基づいた考え方である。
＊20　**ヴァスコ・ダ・ガマ**（Vasco da Gama, 1469?-1524）　ポルトガルの航海者。一四九七年七月、ポルトガル国王の派遣した船隊を率いてアフリカ西岸を南下、B・ディアシュの発見した喜望峰を回って、一四九八年五月、インドのカリカットに到着した。この航路の発見により、以後、ポルトガルはインド貿易を独占する。
＊21　**コルネリウス・ハウトマン**（Cornelius de Houtman, 1540-99）　オランダの航海者。アムステルダムの貿易会社の依頼により船隊を指揮してインド洋を渡り、

一五九五年、ジャワ島の商都バンタムに到着した。ここに作られた商館を足場に、オランダの東インド貿易経営が始まった。

**＊22　ロバート・クライヴ**（Robert Clive, 1725-74）　イギリスの政治家、軍人。イギリスとフランスはインド貿易独占をめぐり、ベンガル地方で軍事衝突を繰り返していたが、一七五七年、クライヴの率いるイギリス軍がインドの土侯とフランスの連合軍をプラッシーの戦いで破った。この戦いでの勝利により、ベンガル地方のイギリス領植民地化が進展することになる。

**＊23　鬼の長靴**　フランスの詩人、童話作家シャルル・ペローの童話『親指小僧』に出てくる鬼の長靴のこと。一歩で何十キロも行けるという。

**＊24　レヴァント貿易**　レヴァントとは東地中海の沿岸部、小アジア、地中海の東岸、エジプト北東部を指し、中世後期には、ジェノヴァ、ヴェネチアなどイタリアの諸都市が東方貿易（レヴァント貿易）をめぐって覇権を競い合った。

**＊25　シャンパーニュ**　フランス北東部、パリ東方の平原一帯を指す古名で、シャンパンの産地として知られる。十二世紀から十三世紀にかけてヨーロッパの主要交通路であり、この地方にあるトロワ、バール・シュール・オーブなどの都市では定期的に市が開かれるなど、商業の中心地として栄えた。

**＊26　ブリ**　フランス北東部、シャンパーニュ地方に接する一帯の古名。プロヴ

アン、ラニィーなどの都市が含まれる。

＊27 **トロワ** 定期市として六月の夏市、十月の冬市が開かれた。

＊28 **プロヴァン** 定期市として五月の聖キリスト市、九月の聖エウル市が開かれた。

＊29 **バール・シュール・オーブ** 三月に定期市が開かれた。

＊30 **ラニィー** 一月に定期市が開かれた。

＊31 **ルイ九世**（Louis IX, 1214-70） フランスのカペー朝第九代の国王（在位一二二六―七〇）。内政・外交ともに穏健な平和政策をとり、特にイギリス王ヘンリー三世とイギリス諸侯の争いを調停した一二六四年のアミアン裁定で知られる。第七次十字軍、第八次十字軍を主導し、第八次の遠征時にチュニスで没した。聖王ルイとも呼ばれる。

＊32 **ユマニスム期** ヒューマニズム（人文主義）の時代（ルネッサンス時代）。

＊33 **マルヌ川** フランス東部、旧シャンパーニュ州東部の県マルヌを南東から北西に流れる川。流域は温暖で土地が肥沃なため、シャンパンの大産地となっている。

＊34 **ゾイデル湾** オランダ北西部にあった内海。

＊35 **シンプロン峠** スイス南部のペンニン・アルプスとレポンティン・アルプ

スの鞍部にある峠で、スイス―イタリアの往還道がある。
＊36 **サン・ゴタール峠**　スイス中南部のレポンティン・アルプスに含まれる山地の峠、スイス中央部からこの峠を越え、ティチノ州を経てイタリアのロンバルディア地方に至る街道がある。
＊37 **一三八一年のジェノヴァの敗北**→キオッジャ戦争（＊10）
＊38 **エスコー**　フランス北部に発し、ベルギーで北海にそそぐ川のフランス名。スヘルデ川とも呼ばれ、スヘルデ西河口の内陸部にヨーロッパ有数の貿易港アンヴェルスがある。
＊39 **モルッカ諸島**　インドネシア東部、スラウェシ島とニューギニア島間の諸島。
＊40 **オットー・ヒンツェ**（Otto Hinze, 1861-1940）ドイツの歴史家。ベルリン大学教授。近代国家の形成を全構造的に究明する方法により比較国制史を研究、晩年には、封建制や身分制議会の比較史的考察を行うなど、西ドイツの社会史、構造史研究の先駆者となった。
＊41 **サミュエル・ベルナール**（Samuel Bernard, 1651-1739）フランスの金融業者。ルイ十四世時代のヨーロッパで最も富裕な商人とされ、ルイ十四世、ルイ十五世に巨額の資金を貸し付けていた。
＊42 **トーマス・グレシャム**（Thomas Gresham, ca. 1519-79）イギリスの貿易商、

為替金融業者。エドワード六世、メアリー女王、エリザベス女王に信任を得て王室財政顧問を務めた。イギリス財政独立のため腐心し、一五五八年にはロンドン取引所（王立為替取引所）を開設している。

**＊43　スタールホッフ**（シュタールホーフ）　本来、ドイツ語、オランダ語の古語で商業行為を行うための倉庫・商館を指すが、十三世紀以降、ハンザ同盟がロンドンに置いた居留地はスティールヤードと呼ばれ、イギリス諸都市のハンザ商館を統括する地位にあった。しかし、このロンドンのスタールホッフは一五九七年、イギリス政府のハンザ特権廃止命令に伴い閉鎖された。

**＊44　ハンザ同盟**　十三世紀に、北ヨーロッパの北海、バルト海沿岸にあったドイツ諸都市がつくった商業同盟。リューベックを盟主として大同盟を結成、イタリアのヴェネチア、ジェノヴァ、フィレンツェ、ミラノなど南ヨーロッパの商業都市と対抗したが、一五九七年、ロンドンのスタールホッフ閉鎖の時期から衰退に向かった。

**＊45　一六五一年の最初の航海条令**　「クロンウェルの航海条令」とも呼ばれる。この条令は、アジア、アフリカ、アメリカなどからのイギリスへの輸入はイギリス船により、船長および乗組員の四分の三以上がイギリス人であることを規定しており、貿易仲介で巨大な富を蓄積していたオランダの海上権を弱体化する目的

を持っていた。

＊46　ユトレヒト条約　一七〇一年から始まったスペイン・フランス対イギリス・オランダ・オーストリアのスペイン継承戦争の平和条約。一七一三年に締結され、フランスはスペイン王フェリペ五世の承認と引き替えに、イギリスに対し、女王アンのイギリス王位継承権を承認、北アメリカのフランス植民地の一部割譲などを認めた。

＊47　イーデン条約　一七八六年に英仏間で結ばれた通商条約。自由貿易の取り決めによりフランスは市場開放を余儀なくされ、先進国イギリスからの商品の流入により、国内産業は大きな打撃を受けることになる。

＊48　一八一五年の最終的決着　ワーテルローの戦で、フランス軍がイギリス軍に敗れたことを指す。エルバ島を脱出して皇帝位に復帰したナポレオンは、一八一五年六月、ベルギーに進駐、ブリュッセル南方のワーテルローに布陣したが、プロイセン軍の助力を得たウェリントン率いるイギリス軍に敗北、ナポレオンの「百日天下」が終わる。

＊49　アンドレ・ジークフリート（André Siegfried, 1875-1959）　フランスの経済学者。パリの政治科学院教授、コレージュ・ド・フランスの経済地理学教授などを務める。新聞、雑誌などの編集にも携わり、またイギリス、アメリカ、カナダな

どを歴訪して、その印象記を出版した。

**＊50　プトレマイオス朝**　紀元前三〇五年から前三〇年までエジプトを統治した王朝。マケドニア出身のプトレマイオス一世に始まり女王クレオパトラに終わるが、首都アレキサンドリアを中心にヘレニズム文化の花を咲かせた。

**＊51　ジョン・U・ネフ**（John U. Nef, 1899-1988）　アメリカの経済学者。シカゴ大学で長く教鞭をとり、『イギリス石炭産業の勃興』『フランスおよびイギリスにおける産業と政治』などの著書がある。

**＊52　帝国主義的搾取**　強大な国家が、他の国家、植民地の資源、労働力を搾取することを言い、それによって強大な国家にさらに富と権力が集中し、支配力を強めていく。

**＊53　国民経済計算**　一国の国民経済を総合的に把握しようとする計算方式で、国民所得表、産業連関表、資金循環（マネー・フロー）表、国際収支表、国民貸借対照表の五つがあげられる。

**＊54　『帝国主義――資本主義の最高段階としての』**　一般には『帝国主義論』として知られるレーニンの著書で、帝国主義を資本主義の最高の段階として位置づけ、マルクス主義経済学の新段階を示した。

**＊55　ルネ・ベーレル**（René Baehrel）　フランスの経済史家。

＊56　サイモン・クズネッツ（Simon Smith Kuznets, 1901-85）　ロシア生まれのアメリカの経済学者、統計学者。ペンシルヴァニア大学、ジョンズ・ホプキンズ大学、ハーヴァード大学などで経済学、統計学の講座を担当、国民所得論、国民所得統計の権威として認められた。『国民所得』『アメリカ経済における資本』などの著書があり、一九七一年、ノーベル経済学賞を受賞している。

＊57　フロー　一国あるいは一地域の経済諸量を、一定期間にわたって集計したもの（流量）で、国民所得、投資、貯蓄などはフローの概念とされる。これに対して、一時点での瞬間的な経済量（貯量）はストックと呼ばれ、国富、資本量、労働力などはストックの概念である。

# 解　説

金塚貞文

〈まえがき〉にも書かれているように、本書は、大著『物質文明・経済・資本主義』の内容を、講演という形で大まかに――一回の講演で一巻ずつ、三回で全三巻という具合に、同書の構成通り忠実に――紹介したものであり、同書のエッセンスが著者自身の手で簡潔に要約されたものとなっている。それゆえ、本書は、これ以上望むべくもない最高の『物質文明・経済・資本主義』入門であり、同書がブローデルの数十年にわたる研究の結晶であることに鑑みれば、まさしく最高の「ブローデル」入門と言えるであろう。

フェルナン・ブローデルは、日本でもすでによく知られているように、新しい歴史学、「アナール派」を代表する歴史学者である。「アナール」とはフランス語で「年報」「紀要」の意味であり、一九二九年にマルク・ブロックとリュシアン・フェーヴルによって創刊された学術雑誌『経済・社会史年報』に集まったグループが「アナール派」である。同誌は、創刊者の両人亡き後、一九五六年以降、ブローデルにその運営が委ねられることになる。すでに、『フェリペ二世の時代における地中海と地中海世界』を発表し、まったく独自の歴史学を提起していたブローデルであればこそ、「アナール派」は、言わば、「ブローデル学派」といった趣を呈することとなり、以降、彼は生涯を通じて、この派の総帥として君臨することになるのである。

ブローデルは、一九〇二年に生まれ、数々の教職、研究職を経た後、一九四九年に、教員としては最高の権威であるコレージュ・ド・フランスの教授となり、没する一年前の一九八四年には、フランス知識人の最高の栄誉たるアカデミー・フランセーズ会員に選出されるというように、学問の王道を歩んで生涯を終えた、まさに栄光に包まれた歴史学者であった。しかし、彼の世代の人たちすべてがそうであったように、その道のりは決して平坦なものではなかった。彼のデビュー作でもあった博士論文『フェリペ二世の時代における地中海と地中海世界』（一九四九年刊行）は、一九四〇年から四五年までの五年間にわたる、ドイツ軍の捕虜収容所での生活の中で書かれたものだったのである。

ブローデル史学の誕生を記す記念碑的労作となった同書の他に、著作としては、本書の元である『物質文明・経済・資本主義』――円熟したブローデル史学の真骨頂である――と、ついに未完の遺作となってしまった『フランスのアイデンティティ』がある。タイトルこそ少ないものの、そのほとんどが普通の本の数冊分以上はある大作である。手に取っただけで思わず怖じ気づきそうになってしまうほどの大作が、フランスばかりか、多くの国の、学者ばかりか、一般の読書人にまで、これほど広く読まれるというのは、やはり並大抵のことではなく、それだけブローデル的なものが、他の歴史書にはない魅力をもっているということの証左なのであろう。

実際、ブローデル、そして、アナール派の登場は、歴史学のみならず、人間科学の全分野に大きな衝撃と影響を与えるものであった。それは、一言で言ってしまえば、目のつけどころが違っていたのだ。それまで歴史と言えば、時間軸、つまり縦軸にそって時代を区切り、主に政治的ないし軍事的な事件――戦争なり、国家の興亡なり、革命なり――の展開を順を追ってたどり、それらの出来事をつなぐものとして、経済や文化の状況が参照されるといったようなものでしかなかった。つまり、そこでは政治的な出来事が歴史の主役なのであり、歴史とは政治史に他ならなかった。そうした歴史把握に対して、彼らは、二つの意味で目のつけどころが違った。ひとつには、過去の考察に際して、縦軸の他に、横と言うか、水平の軸を、言い換えれば、時間の概念の他に、空間の概念を導入したこと。政治的な事件の展開を追うのではなく、政治的な出来事をも含んだ、ある一定の幅をもった過去の時間を、言わば、輪切りにして、その切り口の、年輪ならぬ、層をなした断面をほぐして点検するという方法論である。そして、もう一つは、重なり合った層の中で、とりわけ、一番下になった層、ブローデルが「物質生活」と名づけた、人々の日常生活の層に注目したこと。これまでの歴史学ではほとんど触れられることのなかった、この再底辺をなす層に光を当て、そのごくゆったりとした動きの中に、歴史を捉え直そうとしたことである。例えて言えば、頭や目の動きからではなく、胸から下の身体の動きから、人間の歩みを捉え直すとでも言えようか。実際、人口だとか、衣食住、風俗流行、あるいは、貨幣、都市といった現象が、歴史の「可能と不可能」を決するものとして、生き生きと内容に満ちたものとして、歴史学者によって、考えられ、描かれたことが、これまでにあっただろうか。言うまでもないが、そうした作業は、歴史資料の読み直し、新たな資料の発掘等、多くの困難を伴わずにはおかないし、ブローデルの冒頭の告白にあるとおり、何十年にもわたる研究、言わば、「長期持続」の集中を必要とする。ブローデル以降のアナール派の研究が、主に、狭いテーマで狭い時代をしか、未だに対象とし得ないのも、無理からぬことと言わねばならない。ブローデルは何と言っても巨大なのである。

　それはともかく、水平軸の導入による歴史の切断、その切り口から、ブローデルの基本理念とも言うべき、三層からなる時間と、三層からなる空間が導き出されることになる。まず、三層からなる時間とは、処女作『フェリペ二世の時代における地中海と地中海世界』ですでにほぼ確立されたものであり、ほとんど動かぬかのような、気候、植物、地勢に関わる「地理学的時間」と名づけられた長期的時間、「社会的時間」と名づけられた、経済、社会、文化の変化に対応した中期的時間、そして、これまでの歴史が専ら対象としてきた政治的軍事的事件に関わる「個人的時間」と名づけられた、ごく短期的な時間の三つである。それは、その後、一九五八年に『アナール』誌に発表された「歴史学と社会科学――長期持続について」（後に『歴史論文集』に収録）で、「長期持続（ロング・デュレ）」「複合状況（コンジョンクチュール）」「出来事（エヴェンヌマン）」という形で再度、提起し直されることになるものである。

　そして、三層からなる空間とは、『物質生活・経済・資本主義』のタイトルそのもの、それゆえ、本書で簡潔に要約された「物質生活（ないし、物質文明）」「市場経済」「資本主義」の三空間のことである。本書でも繰り返し述べられているとおり、それらの空間と時間には必ずしも截然とした対応関係が成り立つわけではないが、おおよそ、物質生活の時間が長期持続、市場経済、資本主義、そして世界＝経済が属する時間が複合状況と言って大過ないものと思われる。こうした三層をなす時間と三層をなす空間とが一つの全体を構成し、まさしく交響楽さながらに、厚みと深みのあるブローデルの歴史的時空間を描き出すのである。

そこですぐに気がつくことは、短期的時間、出来事の時間に対応する空間が、ブローデルの本の中には存在していないことである。これまで歴史の本と言えば、専ら、この出来事を扱ってきたことを考えれば、これは確かに異様である。しかし、それは、政治的な出来事など、またたく間に過ぎ去るものにすぎず、ブローデルの歴史の一角に空間を占めるほどのものではないということの何よりの証拠でもあるのだ。事実、ブローデルは、政治史にすぎないこれまでの歴史学を疎んずるばかりか、現実の政治的事件そのものに対してさえほとんど無視の姿勢を貫き通したのである。ほぼ同じ世代のサルトル、アンガージュマン（政治参加）の哲学者の現実対応とは、文字通り対照的なブローデルの姿勢ではあれ、右のような思想的な裏付けのある、なかなか重々しいものである。

いずれにしても、ブローデルの本領が、見た目にはほとんど動かぬように見え、何世紀という長いタイム・スパンの中でしか変化しないという「物質文明」の「発見」と、歴史の流れの中での、そのほとんど不動のものの最重要視、そして、そうした根拠からの物質文明についての詳細な「歴史記述」にあることはまぎれもない。正直のところ、訳者ははじめ、この物質文明ないし物質生活という言葉のもつ語感に戸惑いを覚えずにはいられなかった。精神文明ないし精神生活の反意語として、あまりに手垢のついた、と言うか、否応なく先入観の混じってしまう言葉を、何とか他のもっと適切な日本語に置き換えられぬものかと迷いもした。ブローデル自身、本書でも、それを意味の広すぎる不正確な言葉と言っているくらいなのだから、と。しかし、この言葉の持つ語感は、日本語だけの特殊性ではなく、フランス語でも英語でもやはり同じ響きを持ってしまっているのだ。ブローデルはそれを承知の上で、しかもなおこの言葉を選んで使っているのである。そこには、資本主義という言葉を、ブローデルが「やむをえず」使っているのと同じ事情があるように思えた。

資本主義という言葉の選択に際しての、他に適当な言葉が見つからなかったのでやむをえず使ったというブローデルの「弁明」は、しかし、本当に、文字通りに受け取ってしまっていいものだろうか。自信なげな弁明とは裏腹に、ブローデルは、資本主義という、手垢のついた曖昧な論争語を、むしろ楽しげに、得意げに駆使しているように思えてならないからである。本書を見てもわかるとおり、それを自家薬籠中のものとして駆使し、その市場経済との相克と共謀の相互関係を説得的に論じ切ることによって、資本主義という言葉の本意が、自分の使い方にこそあると読者に納得させることを、ブローデルは、楽しんでいるかのようにさえ見える。弁明とは、彼の場合、自信に裏打ちされた挑発を含み持った挑戦的言明に他ならないような気がしてならないのだ。

そうだとすれば、物質文明という言葉の選択にも同じ事情を推測すべきであろう。それを反ないし非・精神文明という意味を背負い込まされた物質文明という言葉を、それを承知の上で、敢えて使うことの裏には、ブローデルの一筋縄では行かない挑戦的意図が秘められているのではなかろうか。習慣になったほとんど無意識的行為によって織りなされる生活であるという物質生活とは、現象学で言う生活世界とか世界内存在と重なるようなものに思える。しかし、歴史学が対象とする世界は、哲学の対象とする主観の世界ではない。習慣といい無意識的行為といっても、それらが物質化され、物質として結晶するものでなければ、歴史学の対象たり得ないのだ。物質となって目に見える形になった習慣、行為が、歴史学の対象とする長期持続の物質文明なのである。そこで言われる物質とは、精神の反意語ではないにしろ、精神の活動の範囲をあらかじめ制限し枠づけるものであることは自明である。精神活動のみならず経済活動をも、基礎づけ枠づけるものとして非常に長期間にわたって持続する構造、それが物質文明の本意であり、精神の対立概念としての物質、精神文明の対立概念としての物質文明なるものなど、それ自身が言わば、精神的生産の産物に他ならず、複合状況に属する市場経済なり資本主義なりに対する、つまり物質文明によって生み出された上部の層に対する、層の違いを無視した誤った命名にすぎない……ブローデルの用語法に、そんな挑戦的な意図を読むというのは、読み込みすぎだろうか。

もう一つ、本書に端的に示された市場経済と資本主義との区別、ブローデル独自のこの用語法に触れておかなければなるまい。資本主義は、市場経済のさらに上の階に属すると言われるとき、一見、その両者は、先の三層の時間、その上の二層、複合状況と出来事の時間に振り分けられるように思われるかもしれないが、資本主義の持ち場もまた、市場経済と同じ複合状況の時間帯にあるのだ。ブローデルにとって、市場経済と資本主義は確かに区別されるべきものとしてあるとはいえ、それは、言わば、双方が無傷で切り離し得るような外的な、偶然的な関係に留まっているということを意味するわけではない。資本主義が市場経済を前提として、その上にしか成立し得ないことは言うまでもないが、同時にまた、市場経済も、そのプロセスの中で——国家、宗教、文化等による外部からの強制力が働かないかぎり——資本主義を生み出さざるを得ないという、両者はそうした内的必然的な緊張関係によって緊密に結ばれあっていることは、ブローデルが本書でつとに指摘している。だから、その両者の概念的分離、あるいは、資本主義を上部構造と見做すことには、資本主義の脆弱性の表明であるどころか、かえって逆に、市場経済という、それ自身、物質生活の上にしっかりと支えられた土台に、さらにまたしっかりと支えられた、要するに二重の基盤をもった頑丈な建築物であること、資本主義の頑強性こそが、語られていると考えるべきなのである。そのことは、また違った角度から、資本主義が、奴隷制、農奴制といった順次交替してきた歴史的一段階であるばかりではなく、そうした歴史的過去を「再発明」し、自らの周縁に並存させることによって、そこから養分を吸い上げて発展するもの、つまり、過去の並存という、言わば、時間的な土台によっても支えられたものであるという指摘によっても補強されている。

それ以上のことを語れば、解説を逸脱してしまうことになってしまうだろう。それに、ブローデルの本領と、その魅力とは、こうした理論的思弁にあるのではなく、緻密な観察に基づく、詳細を極めた過去の物質生活と経済生活の記述にあるのだから。その記述によって生き生きと甦らせられた過去の人間の生活、体温をもった生に触れ、そこに思いもかけず、現在のわれわれ自身の身体に脈打つものを感じ取ることにこそ、ブローデルを読むことの醍醐味があるのだから。読者が、本書によって、全体の大まかなイメージを摑み取った上で、本体『物質文明・経済・資本主義』に直に当り、ブローデルの世界を体験することを願ってやまない。

『歴史入門』　1995 年 8 月　太田出版刊

中公文庫

# 歴《れき》史《し》入《にゅう》門《もん》

2009年11月25日　初版発行
2023年 4 月30日　7 刷発行

著　者　フェルナン・ブローデル
訳　者　金《かね》塚《づか》貞《さだ》文《ふみ》
発行者　安 部 順 一
発行所　中央公論新社
〒100-8152　東京都千代田区大手町1-7-1
電話　販売 03-5299-1730　編集 03-5299-1890
URL https://www.chuko.co.jp/

DTP　平面惑星
印　刷　三晃印刷
製　本　小泉製本


Published by CHUOKORON-SHINSHA, INC.
Printed in Japan　ISBN978-4-12-205231-4 C1120

定価はカバーに表示してあります。落丁本・乱丁本はお手数ですが小社販売部宛お送り下さい。送料小社負担にてお取り替えいたします。

各書目の下段の数字はISBNコードです。978－4－12が省略してあります。

# 中公文庫既刊より

コ-7-3
**若い読者のための世界史 改訂版**
E・H・ゴンブリッチ
中山典夫 訳
『美術の物語』の著者がやさしく語りかけるように、時代を、出来事を、そこに生きた人々を活写する。各国で読みつがれてきた〝物語としての世界史〟の古典。
207277-0

マ-10-1
**疫病と世界史（上）**
W・H・マクニール
佐々木昭夫 訳
疫病は世界の文明の興亡にどのような影響を与えてきたのか。紀元前五〇〇年から紀元一二〇〇年まで、人類の歴史を大きく動かした感染症の流行を見る。
204954-3

マ-10-2
**疫病と世界史（下）**
W・H・マクニール
佐々木昭夫 訳
これまで歴史家が着目してこなかった「疫病」に焦点をあて、独自の史観で古代から現代までの歴史を見直す好著。紀元一二〇〇年以降の疫病と世界史。
204955-0

マ-10-3
**世界史（上）**
W・H・マクニール
増田義郎
佐々木昭夫 訳
世界の各地域を平等な目で眺め、相関関係を分析しながら歴史の歩みを独自の史観で描き出した、定評ある世界史。ユーラシアの文明誕生から紀元一五〇〇年までを彩る四大文明と周縁部。
204966-6

マ-10-4
**世界史（下）**
W・H・マクニール
増田義郎
佐々木昭夫 訳
俯瞰的な視座から世界の文明の流れをコンパクトにまとめ、歴史のダイナミズムを描き出した名著。西欧文明の興隆と変貌から、地球規模でのコスモポリタニズムまで。
204967-3

マ-10-5
**戦争の世界史（上）技術と軍隊と社会**
W・H・マクニール
高橋均 訳
軍事技術は人間社会にどのような影響を及ぼしてきたのか。大家が長年あたためてきた野心作。上巻は古代文明から仏革命と英産業革命が及ぼした影響まで。
205897-2

マ-10-6
**戦争の世界史（下）技術と軍隊と社会**
W・H・マクニール
高橋均 訳
軍事技術の発展はやがて制御しきれない破壊力を生み、人類は怯えながら軍備を競う。下巻は戦争の産業化から冷戦時代、現代の難局と未来を予測する結論まで。
205898-9

カ-6-1
**塩の世界史（上）**　歴史を動かした小さな粒
M・カーランスキー　山本光伸訳
人類は何千年もの間、塩を渇望し、戦い、求めてきた。古代の製塩技術、各国の保存食、戦時の貿易封鎖とともに発達した製塩業……壮大かつ詳細な塩の世界史。
205949-8

カ-6-2
**塩の世界史（下）**　歴史を動かした小さな粒
M・カーランスキー　山本光伸訳
悪名高き塩税、ガンディー塩の行進、製塩業の衰退と伝統的職人芸の復活。塩からい風味にユーモアをそえておくる、米国でベストセラーとなった塩の世界史。
205950-4

か-80-1
**兵器と戦術の世界史**
金子常規
古今東西の陸上戦の勝敗を決めた「兵器と戦術」の役割と発展を、豊富な図解・注解と詳細なデータにより検証する名著を初文庫化。〈解説〉惠谷　治
205857-6

か-80-2
**兵器と戦術の日本史**
金子常規
古代から現代までの戦争を、殺傷力・移動力・防護力の三要素に分類して捉えた兵器の戦闘力と運用する戦術の観点から豊富な図解で分析。〈解説〉惠谷　治
205927-6

か-80-3
**図解詳説　幕末・戊辰戦争**
金子常規
外国船との戦闘から長州征伐、鳥羽・伏見、奥羽・会津、五稜郭までの攻略陣形図を総覧、兵員・装備・軍制の観点から史上最大級の内乱を軍事学的に分析。
206388-4

ハ-11-1
**細菌と人類**　終わりなき攻防の歴史
ウィリー・ハンセン　ジャン・フレネ　渡辺　格訳
古代人の鋭い洞察から、細菌兵器の問題まで、〈見えない敵〉との闘いに身を投じた学者たちのエピソードとともに、発見と偏見の連綿たる歴史を克明にたどる。
205074-7

マ-2-4
**君主論**　新版
マキアヴェリ　池田　廉訳
「人は結果だけで見る」「愛されるより恐れられるほうが安全」等の文句で、権謀術数の書のレッテルを貼られた著書の隠された真髄。〈解説〉佐藤　優
206546-8

ク-6-1
**戦争論（上）**
クラウゼヴィッツ　清水多吉訳
プロイセンの名参謀としてナポレオンを撃破した比類なき戦略家クラウゼヴィッツ。その思想の精華たる本書は、戦略・組織論の永遠のバイブルである。
203939-1

各書目の下段の数字はISBNコードです。978－4－12が省略してあります。

ク-6-2
**戦争論（下）**
クラウゼヴィッツ
清水多吉 訳
フリードリッヒ大王とナポレオンという二人の名将の戦史研究から戦争の本質を解明し体系的な理論化をなしとげた近代戦略思想の聖典。〈解説〉是本信義
203954-4

フ-3-1
**イタリア・ルネサンスの文化（上）**
ブルクハルト
柴田治三郎 訳
歴史における人間個々人の価値を確信する文化史家ブルクハルトが、人間個性を謳い上げたイタリア・ルネサンスの血なまぐさい実相を精細に描きだす。
200101-5

フ-3-2
**イタリア・ルネサンスの文化（下）**
ブルクハルト
柴田治三郎 訳
本書はルネサンス文化の最初の総括的な叙述であり、同時代のイタリアにおける国家・社会・芸術などの全貌を精細に描き、二十世紀文明を鋭く透察している。
200110-7

モ-5-4
**ローマの歴史**
I・モンタネッリ
藤沢道郎 訳
古代ローマの起源から終焉までを、キケロ、カエサル、ネロら多彩な人物像が人間臭い魅力を発揮するドラマとして描き切った、無類に面白い歴史読物。
202601-8

モ-5-5
**ルネサンスの歴史（上）**
黄金世紀のイタリア
I・モンタネッリ
R・ジェルヴァーゾ
藤沢道郎 訳
古典の復活はルネサンスの一側面にすぎない。天才たちが活躍する社会的要因に注目し、史上最も華やかな時代を彩った人間群像を活写。〈解説〉澤井繁男
206282-5

モ-5-6
**ルネサンスの歴史（下）**
反宗教改革のイタリア
I・モンタネッリ
R・ジェルヴァーゾ
藤沢道郎 訳
政治・経済・文化に擾乱と咲き誇ったイタリアは、宗教改革と反宗教改革を分水嶺としてヨーロッパ史の主役から舞台装置へと転落する。〈解説〉澤井繁男
206283-2

ミ-1-3
**フランス革命史（上）**
J・ミシュレ
桑原武夫／多田道太郎／樋口謹一 訳
近代なるものの源泉となった歴史的一大変革と流血を生き抜いた「人民」を主人公とするフランス革命史の決定版。上巻は一七九二年、ヴァルミの勝利まで。
204788-4

ミ-1-4
**フランス革命史（下）**
J・ミシュレ
桑原武夫／多田道太郎／樋口謹一 訳
下巻は一七九二年、国民公会の招集、王政廃止、共和国宣言から一七九四年のロベスピエール派の全員死刑までの激動の経緯を描く。〈解説〉小倉孝誠
204789-1

ス-4-4
## 国富論 I
アダム・スミス
大河内一男 監訳

古典経済学と近代自由主義の原典を、独自の要約的小見出しや精細な訳注を配し、平明的確な訳文で甦らせた邦訳の決定版。I巻には第一篇、第二篇を収録。

206942-8

ス-4-5
## 国富論 II
アダム・スミス
大河内一男 監訳

古典経済学と近代自由主義の原典。II巻には第三篇、第四篇を収録。国家による経済活動への政策的介入の歴史を究明し、重商主義を批判する。

206983-1

ス-4-6
## 国富論 III
アダム・スミス
大河内一男 監訳

古典経済学と近代自由主義の原典。III巻には国家の義務や租税・公債の在り方を述べた第五篇のほか年譜・索引等を収録。〈巻末対談〉大竹文雄・出口治明

206995-4

S-22-10
## 世界の歴史10
西ヨーロッパ世界の形成
佐藤彰一
池上俊一

ヨーロッパ社会が形成された中世は暗黒時代ではなかった。民族大移動、権威をたかめるキリスト教、そして十字軍遠征、百年戦争と、千年の歴史を活写。

205098-3

S-22-11
## 世界の歴史11
ビザンツとスラヴ
井上浩一
栗生沢猛夫

ビザンツ帝国が千年の歴史を刻むことができたのはなぜか。東欧とロシアにおけるスラヴ民族の歩みと、紛争のもととなる複雑な地域性はどう形成されたのか。

205157-7

S-22-14
## 世界の歴史14
ムガル帝国から英領インドへ
佐藤正哲
中里成章
水島司

ヒンドゥーとムスリムの相克と融和を課題とした諸王朝の盛衰や、イギリスの進出、植民地政策下での葛藤など、激動のインドを臨場感豊かに描き出す。

205126-3

S-22-15
## 世界の歴史15
成熟のイスラーム社会
永田雄三
羽田正

十六、七世紀、世界の人々が行き交うイスタンブルとイスファハーンの繁栄。イスラーム世界に花咲いたオスマン帝国とイラン高原サファヴィー朝の全貌を示す。

205030-3

S-22-16
## 世界の歴史16
ルネサンスと地中海
樺山紘一

地中海から大西洋へ——二つの海をめぐって光と影が複雑に交錯する。ルネサンスと大航海、燦然と輝いた時代を彩る多様な人物と歴史を活写する。

204968-0

各書目の下段の数字はISBNコードです。978－4－12が省略してあります。

S-22-17
## 世界の歴史17 ヨーロッパ近世の開花
長谷川輝夫／大久保桂子／土肥恒之

宗教改革と三十年戦争の嵐が吹き荒れたヨーロッパ、そしてロシア。輝ける啓蒙文化を背景に、大国へと変貌してゆく各国の興隆を、鮮やかに描きだす。

205115-7

S-22-21
## 世界の歴史21 アメリカとフランスの革命
五十嵐武士／福井憲彦

世界に衝撃をあたえ、近代市民社会のゆく手を切り拓いた二つの革命は、どのように完遂されたのか。思想の推移、社会の激変、ゆれ動く民衆の姿を、新たな視点から克明に描写。

205019-8

S-22-22
## 世界の歴史22 近代ヨーロッパの情熱と苦悩
谷川　稔／北原　敦／鈴木健夫／村岡健次

流血の政治革命、国家統一の歓喜、陶酔をもたらす帝国主義、そして急速な工業化。自由主義の惑いのなか、十九世紀西欧が辿った輝ける近代化の光と闇。

205129-4

か-56-1
## パリ時間旅行
鹿島　茂

オスマン改造以前、19世紀パリの原風景へと誘うエッセイ集。ボードレール、プルーストの時代のパリが鮮やかに甦る。図版多数収載。〈解説〉小川洋子

203459-4

か-56-3
## パリ・世紀末パノラマ館 エッフェル塔からチョコレートまで
鹿島　茂

19世紀末、先進、躍動、享楽、芸術、退廃が渦巻く幻想都市パリ。その風俗・事象の変遷を遍く紹介する魅惑の時間旅行。図版多数。〈解説〉竹宮惠子

203758-8

か-56-4
## パリ五段活用 時間の迷宮都市を歩く
鹿島　茂

マリ・アントワネット、バルザック、プルースト――パリには多くの記憶が眠る。食べる、歩くなど八つのテーマでパリを読み解く知的ガイド。〈解説〉にむらじゅんこ

204192-9

か-56-7
## 社長のためのマキアヴェリ入門
鹿島　茂

マキアヴェリの『君主論』の「君主」を「社長」と読み替えると超実践的なビジネス書になる！　現代の君主＝社長を支える実践的な知恵を引き出す。〈解説〉中條高徳

204738-9

か-56-10
## パリの秘密
鹿島　茂

エッフェル塔、モンマルトルの丘から名もなき通りの片隅まで……時を経てなお、パリに満ちる秘密の香り。夢の名残を追って現代と過去を行き来する、瀟洒なエッセイ集。

205297-0